さくっとわかる

ミニマム
教育大全

吉川佳佑 ［著］

東洋館出版社

はじめに

　今、日本の学校教育は大きな転換期を迎えています。

　例えば、校内ネットワークの構築と生徒に1人1台学習端末を整備する「GIGAスクール構想」は、新型コロナウイルス拡大の影響もあり、当初予定していた2023年度までの5か年計画が前倒しされることに。2021年7月末時点で、すでに96.5%の自治体で端末の整備が完了しています。（ちなみに、2022年2月時点では同年3月末までにその割合は98.5%にまで上がる見込み。）

　他にも学習指導要領が改訂になったことも大きな変化でした。2020年には小学校で、2021年には中学校で、そして2022年には高校で新学習指導要領がそれぞれ全面実施となり、プログラミング教育や理数教育、主権者教育、探究学習などの新しい教育がスタートしています。
　また、いわゆる「アクティブラーニング」と呼ばれる主体的・対話的で深い学びの視点から、授業では「何を学ぶか」だけでなく「どのように学ぶか」ということについても重視されるようになりました。

　ただご存じのように、日本の学校の先生は現在その多忙さを極めています。
　名古屋大学大学院の内田良教授らが2021年11月に行なった調査によれば、公立の小・中学校に勤める先生の約半数が平日1日当たりの休憩時間を「0分」と回答しており、また平均月100時間前後の時間外労働をしていることが明らかになっています。
　つまり、学校の先生方は余裕がないにもかかわらず、新しい教育への対応が迫られているのです。

　このような中、私は2年ほど前からメディアプラットフォーム「note」で自

身が勤めていた地方の私立高校やN高等学校での教育実践をまとめたり、最新の教育について分かりやすく、ミニマムに解説する発信活動を始めました。理由はひとえに時間に余裕のない先生方に効率良く教育について学べる場を作りたいと思ったからです。

　おかげさまで2年間で公開してきた記事は200を超え、年間数十万人の方々に私のnoteを訪問いただけるようになりました。そして今回は、そういった情報をより多くの方々に届けたいという思いから、noteの記事をベースに加筆修正を加えた本書を出版する運びとなりました。

　本書の構成は大きく2つに分かれます。

　前半の第1章と第2章ではそれぞれ、新学習指導要領の要約と学習指導要領では触れられていない最新の教育トレンドの解説を通して、いま日本でどのような教育が求められているかについてまとめます。

　後半の第3章と第4章では、そういった教育を行うためのヒントや、役に立つオススメのWEBサイト・ITツールなどをその特徴や具体的な使い方とともにご紹介。

　巻末には学習指導要領に対応した実際の授業スライドも掲載していますので、本書を一通り読めば今の日本の教育の全体感をざっくり理解できるだけでなく、実際に授業を行うイメージも持てるようになっています。

　本書のメインターゲットは主に小中学校や高校の先生をイメージしていますが、これから先生になろうと思っている学生さんや社会人の方々はもちろん、教育に関心のある一般の方々にとっても、新しい教育の入門書のような形で楽しんでいただけると幸いです。

吉川佳佑

CONTENTS

第 1 章

483ページ・
60万文字超の
『高等学校学習指導要領』
を2万字で要約してみた

483ページ・60万文字超の『高等学校学習指導要領』を2万字で要約してみた

　突然ですが、読者のみなさんは自身の校種の学習指導要領を読んだことがあるでしょうか。

　まったく触れたことがない人はいないと思いますが、自分の教科にのみ目を通し、すべては読んでいない方も多いのではないでしょうか。

　お気持ちは分かります。

　たとえば高校の学習指導要領で言えば、その文字数は約60万文字。日本人の平均読書スピードが毎分500〜600文字だと言われているので、すべてを読もうとすると20時間近くかかる計算になります。

　しかし、教科横断的な学習が求められる昨今、自身の担当以外の教科でどのようなことを行っているかを把握しておくことは非常に重要です。また学習指導要領の冒頭「総則」では授業や学校運営で大切にしたい考え方やスタンスがまとめられているため、できればここも読んでおきたいところです。

　本章では、最新の高等学校学習指導要領で最低限押さえておきたいポイントをまとめていきます。ここですべてを網羅することはできませんが、新しい学習指導要領でどのようなことが求められているのか、また他教科でどのような授業が行われているのかをざっくり把握することはできると思いますので、1つずつ一緒に確認していきましょう。

そもそも学習指導要領って、なんだろう？

　学習指導要領の中身に入る前にまず、そもそも学習指導要領とは何なのか、何のために作られているのかを確認しておきます。

　学習指導要領の目的は、文部科学省のホームページに分かりやすくまとめられています。

全国のどの地域で教育を受けても、一定の水準の教育を受けられるようにするため、文部科学省では、学校教育法等に基づき、各学校で教育課程（カリキュラム）を編成する際の基準を定めています。これを「学習指導要領」といいます。

文部科学省「学習指導要領とはなにか？」
https://www.mext.go.jp/a_menu/shotou/new-cs/idea/1304372.htm

　実際に中身を見ると「どの科目を週に何回行うか」といった基本的なことから「どの科目でどのような知識・スキル・マインドを養うか」まで事細かに記載されており、学習指導要領は先生たちにとって、授業をしたり学校を運営するためのガイドラインであると言えるでしょう。

　ちなみにこの学習指導要領が日本で初めて作られたのは1947年のことでした。第2次世界大戦後、GHQ指導のもと日本の教育は根本的に見直されることになり、同年に制定された教育基本法と学校教育法に合わせて「試案」という形で最初の学習指導要領が完成しました。

　以来、時代の変化に合わせて約10年ごとにその内容はアップデートされており、直近では2017年に小・中学校の、2018年に高校の学習指導要領がそれぞれ改訂されました。小学校では2020年から、中学校では2021年から、そして高校では2022年から順次全面実施されています。

改訂のポイントを知れば
教育の未来がみえる

　今回の学習指導要領改訂の背景は、グローバル化の拡大や技術革新が進み、VUCA時代と呼ばれる予測困難な現代において、子どもたちが身につけるべきことや学習方法、そして評価方法を再定義する必要が出てきたことにあります。このような時代で教育のあり方が見直されるのは当然でしょう。具体的には、下の5つの基本方針をもとに改訂が行われました。

改訂の基本的な考え方
　「社会に開かれた教育課程」のもと、知識理解の質を高め、確かな学力や豊かな心、健やかな体を育成

育成を目指す資質・能力の明確化
　「生きる力」を「知識及び技能」「思考力、判断力、表現力」「学びに向かう力、人間性等」に具体化し、教科の目標や内容を整理

「主体的・対話的で深い学び」の実現に向けた授業改善の推進
　いわゆる「アクティブラーニング」の視点からの授業実施・改善

各学校におけるカリキュラム・マネジメントの推進
　学校の実情に合わせた組織的で計画的な、教科横断的学習カリキュラム作成と授業改善

教育内容の主な改善事項
　言語能力の育成、理数教育、伝統や文化に関する教育、道徳教育、外国語教育、職業教育の充実など

「総則」を知れば 学習指導要領の全体像がみえる

　総則では5つの基本方針をベースとし、生徒たちが「何をどのくらい学習するか」、そしてそれらを「どのように学習するか」の2点がさらに詳しくまとめられています（今回は普通科のみ触れますが、実際には専門学科や総合学科についても書かれています。）

何をどのくらい学習するか

教科	科目	標準単位数	必履修科目
国語	現代の国語	2	○
	言語文化	2	○
	論理国語	4	
	文学国語	4	
	国語表現	4	
	古典探究	4	
地理歴史	地理総合	2	○
	地理探究	3	
	歴史総合	2	○
	日本史探究	3	
	世界史探究	3	
公民	公共	2	○
	倫理	2	
	政治・経済	2	
数学	数学Ⅰ	3	○
	数学Ⅱ	4	
	数学Ⅲ	3	
	数学A	2	
	数学B	2	
	数学C	2	
理科	科学と人間生活	2	「科学と人間生活」を含む2科目又は基礎を付した科目を3科目
	物理基礎	2	
	物理	4	
	化学基礎	2	
	化学	4	
	生物基礎	2	
	生物	4	
	地学基礎	2	
	地学	4	
保健体育	体育	7〜8	○
	保健	2	○

教科	科目	標準単位数	必履修科目
芸術	音楽Ⅰ	2	「Ⅰ」を付した科目を1科目
	音楽Ⅱ	2	
	音楽Ⅲ	2	
	美術Ⅰ	2	
	美術Ⅱ	2	
	美術Ⅲ	2	
	工芸Ⅰ	2	
	工芸Ⅱ	2	
	工芸Ⅲ	2	
	書道Ⅰ	2	
	書道Ⅱ	2	
	書道Ⅲ	2	
外国語	英語コミュニケーションⅠ	3	○ 2単位まで減可
	英語コミュニケーションⅡ	4	
	英語コミュニケーションⅢ	4	
	論理・表現Ⅰ	2	
	論理・表現Ⅱ	2	
	論理・表現Ⅲ	2	
家庭	家庭基礎	2	いずれか1科目
	家庭総合	4	
情報	情報Ⅰ	2	○
	情報Ⅱ	2	
理数	理数探究基礎	1	
	理数探究	2〜5	
総合的な探究の時間		3〜6	○ 2単位まで減可

この表は今回の学習指導要領で定められている教科・科目および総合的な探究の時間の一覧とそれぞれの標準単位^{（＊1）}数をまとめたものです。単位数はあくまで標準的なもので、増やすこともできます。

　各学校はこれに特別活動と学校設定教科・科目（以下、すべてを総称して「教科・科目」とします）を加えたものの中から、1週間あたり30単位時間^{（＊2）}を目安にカリキュラムを作成します。

　高校卒業のために必要な単位数は74単位以上です。その中には必履修科目と30単位時間の特別活動がすべて含まれている必要があります。

　また、学校では上記以外にも学校や生徒の実情に合わせて、年間35単位時間以上のホームルームや、生徒会活動、学校行事、キャリア・職業教育、ボランティア活動、道徳教育などを行うことが求められています。

●補足

＊1 単位：1単位＝35単位時間です。学習指導要領では1年間を35週で計算しているため、この単位数が実質的に週の授業コマ数になります。多くの学校が6時間目まであるのは、1週間（≒平日5日間）の目安単位数が30単位時間（≒30コマ）だからです。

＊2 単位時間：授業1コマの時間数です。学習指導要領では1単位時間＝50分を標準としています。十分な学習が保証される場合、全体のバランスを見たうえで10〜15分など短い時間でも1単位時間とみなすことも可能となっています。

どのように学ぶか？

学習指導要領では、子どもたちが「どのように学習するか」を下の大きく3つ（生徒の学習方法、生徒との関わり方、学校組織の在り方）に分類して説明しています。

①生徒の学習方法

教科書やワークを中心とした従来型の学習から脱却し、ICTツールやサービス、さらには学校や地域の図書館、博物館、美術館も効果的に利用することが求められています。

加えて、知識をただインプットするだけで終えるのではなく、学習したことを振り返ったり、体験活動を行うことも重視するようになりました。教師は、学習の結果だけでなく過程も評価することが重要です。

②生徒との関わり方

クラス全体の学級経営と個別のカウンセリングを中心に、生徒一人ひとりに合った指導を心がける必要があります。

特に最近は、障がいを抱えていたり、海外にルーツがあったりするなど、特別な配慮が必要な生徒たちも増えています。そのような場合も学校は保護者や関係機関などと連携し、それぞれの子どもに合った指導や学習機会を提供する必要があります。

③学校組織のあり方

学校の組織の在り方は、前述のカリキュラム・マネジメントの考え方に則り、教育過程だけでなく、学校保健計画や学校安全計画、いじめ防止対策、部活動などを適切に行う必要があります。

「各学科に共通する各教科」

　「各学科に共通する各教科」では、それぞれの教科・科目の目標や学習内容、指導計画作成時の留意点などがまとめられています。

　もしかすると、自分の教科・科目しか確認していないという先生もいるかもしれませんが、新学習指導要領では、教科横断的に授業を実施することが求められています。ぜひ担当外の教科・科目の内容もチェックしてください。

　たとえば「外国語」では、生徒が英語で行うディベートやディスカッションのテーマとして、国語や地理歴史、公民、理科など他教科の学習内容と関連づけることになっています。このような授業を行うためには他教科への理解を深めておく必要があります。

　本来であれば各教科の学習指導要領や解説、学校で採用してる教科書・副教材をじっくり読み込むことが理想ですが、なかなかそれは難しいでしょう。

　本章では、各教科・科目で最低限押さえておきたい「学習指導要領改訂の背景」「教科の目標」「科目構成の変更点」「各科目の概要と学習内容例」、そして必要に応じて教科ごとに特筆すべき「その他」の事項に的を絞ってまとめています。

　なお、学習内容の例を個別具体的にすべて挙げることは難しいので、他の教科・科目と関係のありそうなものを中心に2つずつのみ選んでいます。ぜひ自分の担当教科・科目で扱うことができないかを念頭に置いて読んでください。

学習指導要領
「各教科」を
シンプルにまとめてみた

国語

改訂の背景

・講義調の伝達型授業で教材の読み取りが指導の中心になることが多く、話合いや論述などの「話すこと・聞くこと」、「書くこと」領域の学習が十分に行われていなかった。
・学力差の大きな背景に語彙の量と質の違いがあった。
・古典の学習を、社会や自分との関わりの中で活かすという観点が弱く、生徒たちの学習意欲が低かった。

科目構成の変更

「論理国語」など、社会で役立つ実用的な文章の取り扱いが重視された。

教科の目標

言葉による見方・考え方を働かせ言語活動を通して、国語で的確に理解し効果的に表現する資質・能力を次のとおり育成することを目指す。

知識及び技能	生涯にわたる社会生活に必要な国語について、その特質を理解し適切に使うことができるようにする。
思考力、判断力、表現力等	生涯にわたる社会生活における他者との関わりの中で伝え合う力を高め、思考力や想像力を伸ばす。
学びに向かう力、人間性等	言葉のもつ価値への認識を深めるとともに、言語感覚を磨き、我が国の言語文化の担い手としての自覚をもち、生涯にわたり国語を尊重してその能力の向上を図る態度を養う。

現代の国語

　実社会で日本語を使う活動に必要な資質・能力を育成する。

> 例
>
> ・話し言葉と書き言葉の特色を踏まえ、時と場合に応じた表現・言葉遣いを理解する。
> ・読み手が必要とする情報に応じて手順書や紹介文、案内文、通知文などを書いたりする。

言語文化

　上代から近現代に受け継がれてきた日本の言語文化への理解を深める。

> 例
>
> ・古典の語句や表現方法、またその歴史的・文化的変化について理解する和歌や俳句を外国語に訳すことを通して、解釈の違いについて話したりまとめたりする。

論理国語

　実社会において必要となる、論理的に書く力や批判的に読む力を育成する。

> 例
>
> ・文や文章の効果的な組立て方や接続の仕方について理解を深める。
> ・社会的な話題についての論説文や関連資料を元に、自分の考えを短い論文にまとめ、批評し合う。

文学国語

　深く共感したり豊かに想像したりして、読む力や書く力を育成する。

> 例
>
> ・情景の豊かさや心情の機微を表す語句や、文学的な文章の特徴や修辞などの表現技法を理解する。
> ・演劇や映画の作品と基になった作品とを比較して、批評文や紹介文などをまとめる。

国語表現

　実社会において必要となる、多様な関わりの中で伝え合う力を育成する。

例

・目的や場面、相手、手段に応じた適切な表現や言葉遣いを理解する。
・紹介や連絡、依頼などの実務的な手紙や電子メールを書く。

古典探究

　生涯にわたって古典に親しめるよう、伝統的な言語文化への理解を深める。

例

・古典の語句や言葉の響きやリズム、修辞などを理解する。
・作品の成立した背景や他作品との関係を踏まえて作品を読み、その価値について考察する。

その他

・「論理国語」「文学国語」「国語表現」「古典探究」は「現代の国語」「言語文化」を履修した後に履修する。
・言語能力向上のため、英語を中心に他教科との関連を積極的に図る。
・生徒の読書意欲を喚起し、読書習慣を身につけさせる。
・学校の図書館を有効的に活用する。

地理歴史

改訂の背景

・社会形成に参画しようとする態度や、資料を基に社会的事象を比較・関連付け・考察・表現する力の育成が不十分だった。
・近現代に関する学習の定着状況が低かった。
・小・中・高等学校を通じて、社会との関わりを意識して課題を追究したり解決したりする探究型の授業が十分に行われていなかった。

教科の目標

　社会的な見方・考え方を働かせ、課題を追究したり解決したりする活動を通して、広い視野に立ち、グローバル化する国際社会に主体的に生きる平和で民主的な国家及び社会の有為な形成者に必要な公民としての資質・能力を次のとおり育成することを目指す。

知識及び技能	現代世界の地域的特色と日本及び世界の歴史の展開に関して理解するとともに、調査や諸資料から様々な情報を適切かつ効果的に調べまとめる技能を身に付けるようにする。
思考力、判断力、表現力等	地理や歴史に関わる事象の意味や意義、特色や相互の関連を、概念などを活用して多面的・多角的に考察したり、社会に見られる課題の解決に向けて構想したりする力や、考察、構想したことを効果的に説明したり、それらを基に議論したりする力を養う。
学びに向かう力、人間性等	地理や歴史に関わる諸事象について、よりよい社会の実現を視野に課題を主体的に解決しようとする態度を養うとともに、多面的・多角的な考察や深い理解を通して涵養される日本国民としての自覚、我が国の国土や歴史に対する愛情、他国や他国の文化を尊重することの大切さについての自覚などを深める。

各科目の概要と学習内容例

地理総合

　持続可能な社会づくりを目指し、環境条件と人間の営みとの関わりに着目して現代の地理的な諸課題を考察する。

例

- ・地球的課題の共通する傾向性や相互の関連性、解決のための国際協力の必要性について理解する。
- ・様々な自然災害に対応したハザードマップや地形図などの情報を収集し、読み取り、まとめる地理的技能を身に付ける。

地理探究

　世界の事象や地域を地理的・地誌的に考察し、これからの日本の持続可能な国土のあり方について探究する。

例

- ・資源・エネルギーや農業、工業などにまつわる問題の現状や要因、解決に向けた取組などについて理解する。
- ・「地理総合」で学習したことを基に、自らテーマを設定して探究活動を行う。

歴史総合

　現代の課題に関わる近現代の世界・日本の歴史を、課題解決を視野に入れながら考察する。

例

- ・自分たちの生活や身近な地域における事象が、日本や世界の歴史とつながっていることを理解する。
- ・近代化に伴う生活や社会の変容について考察し、問いを立てる。

日本史探究

　世界の歴史に着目しながら、日本の歴史の展開を探究する。

> **例**
> ・歴史的経緯を踏まえて、現代の日本の課題を理解する。
> ・自ら設定した現在の日本の課題について、歴史的資料を活用しながら探究
> 　する。

世界史探究

　世界の歴史の枠組みと展開について、地理的条件や日本の歴史と関連付けて探
究する。

> **例**
> ・衣食住や家族、教育、余暇などの身の回りのことが世界の歴史とつながっ
> 　ていることを理解する。
> ・紛争や経済格差などの社会課題を、世界の歴史資料を基に探究する。

その他

・公民科や地理歴史科の他の科目などとの関連を積極的に図る。
・社会的事象は、特定の事柄を強調したり、一面的な見解を取り上げたりしない
　ように注意する。
・統計や年鑑、画像、新聞などは信頼性を踏まえて適切に活用する。

公民

改訂の背景

・社会形成に参画しようとする態度や、資料を基に社会的事象を比較・関連付け・考察・表現する力の育成が不十分だった。

・自立した主体として、他者との協働により国家や社会など公共的な空間を自ら作っていく力が十分に養われていなかった。

科目構成の変更

「公共」が新設され、社会を形成する力が重視された。

教科の目標

社会的な見方・考え方を働かせ、現代の諸課題を追究したり解決したりする活動を通して、広い視野に立ち、グローバル化する国際社会に主体的に生きる平和で民主的な国家及び社会の有為な形成者に必要な公民としての資質・能力を次のとおり育成することを目指す。

知識及び技能	選択・判断の手掛かりとなる概念や理論及び倫理、政治、経済などに関わる現代の諸課題について理解するとともに、諸資料から様々な情報を適切かつ効果的に調べまとめる技能を身に付けるようにする。
思考力、判断力、表現力等	現代の諸課題について、事実を基に概念などを活用して多面的・多角的に考察したり、解決に向けて公正に判断したりする力や、合意形成や社会参画を視野に入れながら構想したことを議論する力を養う。
学びに向かう力、人間性等	よりよい社会の実現を視野に、現代の諸課題を主体的に解決しようとする態度を養うとともに、多面的・多角的な考察や深い理解を通して涵養される、人間としての在り方生き方についての自覚や、国民主権を担う公民として、自国を愛し、その平和と繁栄を図ることや、各国が相互に主権を尊重し、各国民が協力し合うことの大切さについての自覚などを深める。

各科目の概要と学習内容例

公共

現代の倫理、社会、文化、政治、法、経済、国際関係などの課題を探究し、平和で民主的な国家・国際社会の形成に必要な資質・能力を育成する。

> **例**
> ・よりよい公共的な空間を作ることが、自らのキャリア形成とよりよい社会に結び付くことを理解する。
> ・よりよい社会を形成するための課題を見出し、解決策を考える。

倫理

人間尊重の精神と生命に対する畏敬の念に基づいて現代の諸課題を探究し、平和で民主的な国家・国際社会の形成に必要な資質・能力を育成する。

> **例**
> ・古今東西の先哲の思想に関する資料から、人間としての在り方生き方に関わる情報を読み取る技能を身に付ける。
> ・福祉や文化・宗教、平和などについての倫理的課題を見いだしその解決策を考える。

政治・経済

政治と経済を総合的・一体的に捉えて現代の諸課題を探究し、平和で民主的な国家・国際社会の形成に必要な資質・能力を育成する。

> **例**
> ・他者と協働して持続可能な社会形成のための諸課題を探究する。
> ・経済活動と福祉の向上の関連について考察する。

その他

・地理歴史科や公民科の他の科目、家庭科、情報科などとの関連を積極的に図る。
・「倫理」「政治・経済」は「公共」を1~2年次に履修したのちに履修できる。
・社会的事象については、特定の事柄を強調したり、一面的な見解を取り上げたりしないように注意する。
・統計や年鑑、画像、新聞などは信頼性を踏まえて適切に活用する。

数学

改訂の背景

・公式の丸暗記学習などがみられ、数学で学習したことを日常生活や数学的課題へ活用できなかった。
・数学的活動を通した学習（数学を使いながら数学を学ぶ）の重点化が求められた。
・事象を数学的に表現したり論理的に説明したりすることに課題があった。

科目構成の変更

「数学活用」が廃止され、各科目内で「活用」に当たる活動をおこなうことが強調された。

教科の目標

数学的な見方・考え方を働かせ、数学的活動を通して、数学的に考える資質・能力を次のとおり育成することを目指す。

知識及び技能	数学における基本的な概念や原理・法則を体系的に理解するとともに、事象を数学化したり、数学的に解釈したり、数学的に表現・処理したりする技能を身に付けるようにする。
思考力、判断力、表現力等	数学を活用して事象を論理的に考察する力、事象の本質や他の事象との関係を認識し統合的・発展的に考察する力、数学的な表現を用いて事象を簡潔・明瞭・的確に表現する力を養う。
学びに向かう力、人間性等	数学のよさを認識し積極的に数学を活用しようとする態度、粘り強く考え数学的論拠に基づいて判断しようとする態度、問題解決の過程を振り返って考察を深めたり、評価・改善したりしようとする態度や創造性の基礎を養う。

各科目の概要と学習内容例

数学Ⅰ

　中学校との接続や、この科目だけで高校数学を終える生徒にも配慮し、すべての生徒の数学的に考える資質・能力の基礎を培う。

> **例**
> ・ICT機器を用いて、データを表やグラフに整理する。
> ・一次不等式を活用して日常や社会の事象などを解決する。

数学Ⅱ

　高校数学の根幹をなす内容で構成し、より多くの生徒の数学的に考える資質・能力を養う。

> **例**
> ・角の概念を一般角まで拡張する意義や弧度法による角度の表し方について理解する。
> ・関数の局所的な変化に着目し、日常や社会の事象などを解決する。

数学Ⅲ

　微分法、積分法の基礎的な内容で構成し、数学を深く学ぼうとする生徒や、将来数学が必要な専門分野に進もうとする生徒の数学的に考える資質・能力を伸ばす。

> **例**
> ・定積分を利用して、いろいろな曲線で囲まれた図形の面積や立体の体積及び曲線の長さなどを求める。
> ・微分と積分との関係に着目し、日常や社会の事象などを解決する。

数学A

「数学Ⅰ」の内容を補完するとともに、数学のよさを認識し、数学的に考える資質・能力を培う。

> **例**
>
> ・数学史的な話題、数理的なゲームやパズルなどを通して、数学と文化との関わりについての理解を深める。
> ・確率に基づいて事象の起こりやすさを判断したり、期待値を意思決定に活用したりする。

数学B

「数学Ⅰ」より進んだ内容を含み、数学を活用して問題解決や意思決定することを通して、数学的に考える資質・能力を養う。

> **例**
>
> ・社会生活などの問題を数学を活用して解決する意義について理解する。
> ・日常や社会の事象にを数・量・形やその関係に着目し、理想化したり単純化したりして問題を数学的に表現する。

数学C

「数学Ⅰ」より進んだ内容を含み、数学的な表現の工夫などを通して数学的に考える資質・能力を養う。

> **例**
>
> ・座標及びベクトルの考えが平面から空間に拡張できることを理解する。
> ・図や表、グラフ、行列を用いて、日常や社会の事象を数学的に表現し、考察する。

理科

改訂の背景

・生徒の科学的リテラシーは高いものの、理科の学習に対する意欲が高くなかった。

・判断の根拠や理由を明確にして、論理的に自分の考えを述べることに課題がみられた。

・決められた実験をこなすだけの授業がみられ、生徒が見通しをもって探究活動をおこなうことが求められた。

科目構成の変更

「理科課題研究」が廃止となり、課題解決学習は各科目内でおこなうことが重視された。

教科の目標

自然の事物・現象に関わり、理科の見方・考え方を働かせ、見通しをもって観察、実験を行うことなどを通して、自然の事物・現象を科学的に探究するために必要な資質・能力を次のとおり育成することを目指す。

知識及び技能	自然の事物・現象についての理解を深め、科学的に探究するために必要な観察、実験などに関する技能を身に付けるようにする。
思考力、判断力、表現力等	観察、実験などを行い、科学的に探究する力を養う。
学びに向かう力、人間性等	自然の事物・現象に主体的に関わり、科学的に探究しようとする態度を養う。

各科目の概要と学習内容例

科学と人間生活

　観察や実験などを通して、自然の事物・現象を科学的に探究するために必要な資質・能力を育成する。

例

・科学技術の発展が人間生活にどのように貢献してきたかについて理解する。
・これからの科学と人間生活との関わり方について科学的に考察し表現する。

物理基礎

　観察や実験などを通して、物体の運動と様々なエネルギーを科学的に探究するために必要な資質・能力を育成する。

例

・身近な物理現象について、物理量の測定と表し方、分析の手法を理解する。
・学習したことが日常生活や社会を支えている科学技術と結び付いていることを理解する。

物理

　観察や実験などを通して、物理的な事物・現象を科学的に探究するために必要な資質・能力を育成する。

例

・波の伝わり方や音、光における規則性や関係性を見いだして表現する。
・物理学が様々な分野で利用され、新しい科学技術の基盤となっていることを理解する。

化学基礎

　観察や実験などを通して、物質とその変化を科学的に探究するために必要な資質・能力を育成する。

> **例**
>
> ・日常生活や社会を支える身近な物質の性質を調べる活動を通して、化学の特徴について理解する。
> ・化学反応に関する実験を通して、化学反応式について理解する。

化学

　観察や実験などを通して、化学的な事物・現象を科学的に探究するために必要な資質・能力を育成する。

> **例**
>
> ・無機物質や有機化合物、高分子化合物がそれぞれの特徴を生かして人間生活の中で利用されていることを理解する。
> ・これからの社会における化学が果たす役割を科学的に考察し、表現する。

生物基礎

　観察や実験などを通して生物や生物現象を科学的に探究するために必要な資質・能力を育成する。

> **例**
>
> ・観察や実験などを通して、生物がもつ共通の特徴を見いだして表現する。
> ・生態系の保全の重要性や、生態系のバランスと人為的かく乱を関連付けて理解する。

生物

　観察や実験などを通して生物や生物現象を科学的に探究するために必要な資質・能力を育成する。

> **例**
>
> ・観察や実験などを通して、生物の進化についての特徴を見いだして表現する。
> ・人間生活が生態系に及ぼす影響を見いだして理解する。

地学基礎

　観察や実験などを通して、地球や地球を取り巻く環境を科学的に探究するために必要な資質・能力を育成する。

> **例**
>
> ・観察や実験などを通して、地球の形の特徴と大きさを見いだして表現する。
> ・日本の自然環境を理解し、それらがもたらす恩恵や災害など自然環境と人間生活との関わりについて認識する。

地学

　観察や実験などを通して、地球や地球を取り巻く環境を科学的に探究するために必要な資質・能力を育成する。

> **例**
>
> ・宇宙の誕生や進化について調べ、現代の宇宙像の概要を理解する。
> ・観察や実験などを通して、地球の活動の特徴と歴史の概要を見いだして表現する。

その他

・数学科の他の科目との関連を積極的に図る。
・環境問題や科学技術の進歩と人間生活に関わる内容については、持続可能な社会をつくることの重要性も踏まえながら、科学的な見地から取り扱う。
・大学や研究機関、博物館、科学学習センターなどと積極的に連携や協力を図る。

保健体育

改訂の背景
・運動する子供とそうでない子供の二極化傾向が見られた。
・子供の体力低下（特に投能力）が続いていた。
・習得した知識や技能を活用して課題解決することや、学習したことを相手に分かりやすく伝えることに課題があった。

科目構成の変更
変更なし

教科の目標
　体育や保健の見方・考え方を働かせ、課題を発見し、合理的、計画的な解決に向けた学習過程を通して、心と体を一体として捉え、生涯にわたって心身の健康を保持増進し豊かなスポーツライフを継続するための資質・能力を次のとおり育成することを目指す。

知識及び技能	各種の運動の特性に応じた技能等及び社会生活における健康・安全について理解するとともに、技能を身に付けるようにする。
思考力、判断力、表現力等	運動や健康についての自他や社会の課題を発見し、合理的、計画的な解決に向けて思考し判断するとともに、他者に伝える力を養う。
学びに向かう力、人間性等	生涯にわたって継続して運動に親しむとともに健康の保持増進と体力の向上を目指し、明るく豊かで活力ある生活を営む態度を養う。

各科目の概要と学習内容例

体育

　探究活動を通し、心と体を一体として捉え、生涯に渡ってスポーツを継続し、体力の向上を図るための資質・能力を育成する。

> **例**
> ・生涯にわたってスポーツを継続するためには、ライフスタイルや仕事、生活との調和を図ることや、運動の機会を生み出す工夫をすることが必要であることを理解する。
> ・豊かなスポーツライフの設計の仕方について、課題を発見し、よりよい解決に向けて思考し判断するとともに、他者に伝える。

保健

　生涯を通じて人々が自らの健康や環境を適切に管理し、改善していくための資質・能力を育成する。

> **例**
> ・健康の保持増進には個人の適切な意思決定や行動選択、環境づくりが関わることを理解する。
> ・健康を支える環境づくりについての課題を発見し、解決の方法を思考し、表現する。

指導計画の内容と作成

・中学校保健体育科や特別活動、運動部の活動との関連を積極的に図る。
・「体育」は各年次で継続して履修できるようにし、「保健」は1~2年にわたり履修する。
・体力や技能レベル、性別、障害の有無などにかかわらず、運動の多様な楽しみ方を社会で実践できるよう留意する。

芸術

科目構成の変更
変更なし

教科の目標
芸術の幅広い活動を通して、各科目における見方・考え方を働かせ、生活や社会の中の芸術や芸術文化と豊かに関わる資質・能力を次のとおり育成することを目指す。

知識及び技能	芸術に関する各科目の特質について理解するとともに、意図に基づいて表現するための技能を身に付けるようにする。
思考力、判断力、表現力等	創造的な表現を工夫したり、芸術のよさや美しさを深く味わったりすることができるようにする。
学びに向かう力、人間性等	生涯にわたり芸術を愛好する心情を育むとともに、感性を高め、心豊かな生活や社会を創造していく態度を養い、豊かな情操を培う。

芸術（音楽）

改訂の背景

・他者と協働して音楽を生み出すこと、音楽のよさ・価値を考えることに課題があった。

・生活や社会における音や音楽の働きと文化に関する関心・理解を深めることに課題があった。

音楽 I

生活や社会の中の音や音楽、音楽文化と関わる資質・能力を育成する。

例

・音楽を形づくる要素を変化させ、変奏や編曲をする技能を身につける。

音楽 II

生活や社会の中の音や音楽、音楽文化と深く関わる資質・能力を育成する。

例

・表現形態の特徴や効果を生かして演奏する技能を身につける。

音楽 III

生活や社会の中の多様な音や音楽、音楽文化と深く関わる資質・能力を育成する。

例

・様々な音素材や様式、表現形態などの特徴について、表したいイメージと関わらせて理解すること。

・音楽と人間の感情との関わりや、社会における音楽に関わる人々の役割について理解する。

芸術（美術）

改訂の背景

・生活を美しく豊かにする造形や美術の働き、美術文化についての実感的な理解、生活や社会と豊かに関わる態度に課題があった。

美術 I

美的体験を重ね、生活や社会の中の美術や美術文化と幅広く関わる資質・能力を育成する。

> **例**
>
> ・自然や自己、生活から感じ取ったことや、夢や想像などからテーマを見つけ出す。

美術 II

美的体験を深め、生活や社会の中の美術や美術文化と深く関わる資質・能力を育成する。

> **例**
>
> ・国内外の美術作品や文化遺産からその独自性を感じ取り、時代や風土、宗教などによる表現の相違点や共通点から美術文化について考える。

美術 III

美的体験を豊かにし、生活や社会の中の多様な美術や美術文化と深く関わる資質・能力を育成する。

> **例**
>
> ・映像メディアの特性を生かして独創的なテーマを設定し、創造的な表現の構想を練る。

芸術（工芸）

改訂の背景

・感性を働かせて表現と鑑賞の相互関連を図りながら能動的に学習を深めていくことに課題があった。

工芸 I

　美的体験を重ね、生活や社会の中の工芸や工芸の伝統・文化と幅広く関わる資質・能力を育成する。

> **例**
>
> ・自己の思いや体験、夢などから個性豊かで創造的な発想をする。

工芸 II

　美的体験を深め、生活や社会の中の工芸や工芸の伝統・文化と深く関わる資質・能力を育成する。

> **例**
>
> ・制作方法を踏まえ、意図に応じて材料や用具、手順、技法などを生かす。

工芸 III

　美的体験を豊かにし、生活や社会の中の様々な工芸や工芸の伝統・文化と深く関わる資質・能力を育成する。

> **例**
>
> ・社会における有用性や生活環境の特性について多様な視点に立って考え、使う人の願いなどから個性を生かして独創的に発想し、美的で心豊かな制作の構想を練る。

芸術（書道）

改訂の背景
・感性を働かせて表現と鑑賞の相互関連を図りながら能動的に学習を深めていくことや、書への永続的な愛好心に課題があった。

書道 I
　書道の幅広い活動を通して、生活や社会の中の文字や書、書の伝統と文化と幅広く関わる資質・能力を育成する。

> **例**
> ・現代に生きる創造的な表現を理解する。
> ・書の伝統的な鑑賞の方法や形態について理解する。

書道 II
　書道の創造的な活動を通して、生活や社会の中の文字や書、書の伝統と文化と深く関わる資質・能力を育成する。

> **例**
> ・古典に基づく効果的な表現や、墨継ぎや散らし書きなどによる全体の構成について理解する。
> ・書の美と時代、風土、筆者などとの関わりについて理解する。

書道 III
　書道の創造的な活動を通して、生活や社会の中の多様な文字や書、書の伝統と文化と深く関わる資質・能力を育成する。

> **例**
> ・書の伝統を踏まえ、書体の特色を生かして創造的に表現する技能を身に付ける。
> ・日本や中国などの書の伝統と、その背景となる諸文化との関わりについて理解する。

外国語

改訂の背景とポイント

・グローバル化の拡大により、外国語によるコミュニケーションがすべての人に求められるようになった。
・話す・書く活動や、やりとり・即興性を伴う言語活動が重視されていなかった。

科目構成の変更

　「英語表現」が「論理・表現」へ、「コミュニケーション英語」が「英語コミュニケーション」へと変更された。

教科の目標

　外国語によるコミュニケーションにおける見方・考え方を働かせ、外国語による聞くこと、読むこと、話すこと、書くことの言語活動及びこれらを結び付けた統合的な言語活動を通して、情報や考えなどを的確に理解したり適切に表現したり伝え合ったりするコミュニケーションを図る資質・能力を次のとおり育成することを目指す。

知識及び技能	外国語の音声や語彙、表現、文法、言語の働きなどの理解を深めるとともに、これらの知識を、聞くこと、読むこと、話すこと、書くことによる実際のコミュニケーションにおいて、目的や場面、状況などに応じて適切に活用できる技能を身に付けるようにする。
思考力、判断力、表現力等	コミュニケーションを行う目的や場面、状況などに応じて、日常的な話題や社会的な話題について、外国語で情報や考えなどの概要や要点、詳細、話し手や書き手の意図などを的確に理解したり、これらを活用して適切に表現したり伝え合ったりすることができる力を養う。
学びに向かう力、人間性等	外国語の背景にある文化に対する理解を深め、聞き手、読み手、話し手、書き手に配慮しながら、主体的、自律的に外国語を用いてコミュニケーションを図ろうとする態度を養う。

各科目の概要と学習内容例

英語コミュニケーションⅠ

　日常的・社会的話題について、多くの支援を活用すれば、英語を聞いたり、読んだり、話したり、書いたりできる資質・能力を育成する。

> **例**
>
> ・社会的な話題について、対話や説明から必要な情報を聞き取り、概要や要点を把握し、聞き取った内容を話したり書いたりする。
> ・日常的な話題について、電子メールやパンフレットから必要な情報を読み取り、書き手の意図を把握し、読み取った内容を話したり書いたりする。

英語コミュニケーションⅡ

　日常的・社会的話題について、一定の支援を活用すれば、英語を聞いたり、読んだり、話したり、書いたりできる資質・能力を育成する。

> **例**
>
> ・社会的な話題について、論証文や報告文から必要な情報を読み取り、概要や要点、詳細を把握し、読み取った内容を基に考えをまとめ、話したり書いたりする。
> ・日常的な話題について、情報や考え、気持ちなどを詳しく話し合い、やり取りした内容を整理して発表したり、文章を書いたりする。

英語コミュニケーションⅢ

　日常的・社会的話題について、支援をほとんど活用しなくても、英語を聞いたり、読んだり、話したり、書いたりできる資質・能力を育成する。

> **例**
>
> ・社会的な話題について、聞いたり読んだりしたことを基に、情報や考え、気持ちなどを論理的に詳しく話す。
> ・日常的な話題について、情報や考え、気持ちなどを複数の段落から成る文章で論理的に詳しく書く。

論理・表現Ⅰ

　日常的・社会的話題について、多くの支援を活用すれば、英語を話したり、書いたりできる資質・能力を育成する。

　例

・日常的な話題や社会的な話題に関して、優れている点や改善すべき点を話し合ったり、意見や主張を理由や根拠とともに伝え合うディベートやディスカッションをする。
・日常的な話題や社会的な話題に関して、意見や主張を理由や根拠とともに伝える短いスピーチやプレゼンテーションをする。

論理・表現Ⅱ

　日常的・社会的話題について、一定の支援を活用すれば、英語を話したり、書いたりできる資質・能力を育成する。

　例

・日常的な話題について、情報や考え、気持ちなどを論理の構成や展開を工夫して詳しく話し合う。
・日常的な話題や社会的な話題について、意見や主張などを論理の構成や展開を工夫して、複数の段落から成る文章で詳しく書く。

論理・表現Ⅲ

　日常的・社会的話題について、支援をほとんど活用しなくても、英語を話したり、書いたりできる資質・能力を育成する。

　例

・日常的な話題や社会的な話題について、ニュースや新聞記事などの複数の資料を活用し、読み手を説得することができるよう、意見や主張を効果的な理由や根拠とともに複数の段落を用いて詳しく書く。
・日常的な話題について、ニュースや新聞記事などの複数の資料を活用し、情報や考え、気持ちを整理し、課題を解決するために話し合う。

その他

・授業は英語で行うことを基本とする。

・言語活動を行う際のテーマは国語科や地理歴史科、理科など、他の教科などで学習した内容と関連付ける。

・指導計画の作成や授業の実施に当たって、ネイティブ・スピーカーや英語が堪能な地域人材などの協力を得る。

・必要に応じて発音表記を用いて指導することもできる。

・文法的な正しさや用語や用法の区別などの指導が中心とならないようにする。

家庭

改訂の背景

- ・家庭や地域の教育機能が低下していた。
- ・家族や地域の一員として協力・参画することへの関心が低かった。
- ・家族・家庭生活や消費生活を始めとした、社会の急激な変化に対応することが求められるようになった。

教科の目標

　生活の営みに係る見方・考え方を働かせ、実践的・体験的な学習活動を通して、様々な人々と協働し、よりよい社会の構築に向けて、男女が協力して主体的に家庭や地域の生活を創造する資質・能力を次のとおり育成することを目指す。

知識及び技能	人間の生涯にわたる発達と生活の営みを総合的に捉え、家族・家庭の意義、家族・家庭と社会との関わりについて理解を深め、家族・家庭、衣食住、消費や環境などについて、生活を主体的に営むために必要な理解を図るとともに、それらに係る技能を身に付けるようにする。
思考力、判断力、表現力等	家庭や地域及び社会における生活の中から問題を見いだして課題を設定し、解決策を構想し、実践を評価・改善し、考察したことを根拠に基づいて論理的に表現するなど、生涯を見通して生活の課題を解決する力を養う。
学びに向かう力、人間性等	様々な人々と協働し、よりよい社会の構築に向けて、地域社会に参画しようとするとともに、自分や家庭、地域の生活を主体的に創造しようとする実践的な態度を養う。

各科目の概要と学習内容例

家庭基礎

　様々な人々と協働し、よりよい社会の構築に向けて、男女が協力して主体的に家庭や地域の生活を創造する資質・能力を育成する。

> **例**
> ・生涯を見通した生活について考え、ライフスタイルと将来の家庭生活やキャリアについて考察する。
> ・家庭や地域のよりよい生活のために、男女が協力して家族の一員としての役割を果たし、家庭を築くことの重要性について考察する。

家庭総合

　様々な人々と協働し、よりよい社会の構築に向けて、男女が協力して主体的に家庭や地域の生活を創造する資質・能力を育成する。

> **例**
> ・生涯を見通した生活における経済の管理や計画、リスク管理について理解し、情報の収集・整理を適切に行う。
> ・自己の家庭や地域での生活における課題を設定し、解決方法を考え、計画を立てて実践する。

その他

・総授業時数のうち半分以上を実験や実習に配当する。
・地域や関係機関との連携・交流を通じた実践的な学習活動を取り入れ、外部人材を活用する。
・子供や高齢者など様々な人々と触れ合う活動を行う。
・食に関する指導については、食育の充実を図る。
・実験・実習の際には、法規や安全、衛生に留意する。

情報

改訂の背景

・情報機器やサービスを適切に選択・活用する力が重要になった。

・高度情報社会を支えるIT人材の不足が予想されていた。

・情報やコンピュータに興味・関心を有する生徒の学習意欲に応えられていなかった。

教科の目標

　情報に関する科学的な見方・考え方を働かせ、情報技術を活用して問題の発見・解決を行う学習活動を通して、問題の発見・解決に向けて情報と情報技術を適切かつ効果的に活用し、情報社会に主体的に参画するための資質・能力を次のとおり育成することを目指す。

知識及び技能	情報と情報技術及びこれらを活用して問題を発見・解決する方法について理解を深め技能を習得するとともに、情報社会と人との関わりについての理解を深めるようにする。
思考力、判断力、表現力等	様々な事象を情報とその結び付きとして捉え、問題の発見・解決に向けて情報と情報技術を適切かつ効果的に活用する力を養う。
学びに向かう力、人間性等	情報と情報技術を適切に活用するとともに、情報社会に主体的に参画する態度を養う。

各科目の概要と学習内容例

情報 I

　問題の発見・解決に向けて情報と情報技術を適切かつ効果的に活用し、情報社会に主体的に参画するための資質・能力を育成する。

> **例**
>
> ・社会や自然などにおける事象をモデル化する方法や、シミュレーションを通してそれを評価し改善する方法について理解する。
> ・データを表現、蓄積するための表し方と、データを収集、整理、分析する方法について理解し、技能を身に付ける。

情報 II

　問題の発見・解決に向けて情報と情報技術を適切かつ効果的、創造的に活用し、情報社会に主体的に参画し、その発展に寄与するための資質・能力を育成する。

> **例**
>
> ・ビッグデータの存在やその有用性について理解し、目的に応じた適切なデータの収集や整理、整形について理解し技能を身に付ける。
> ・情報システムにおける情報の流れや処理の仕組み、情報セキュリティを確保する方法や技術について理解する。

その他

・中学までの学習内容や、公民科、数学科などとの関連を図る。
・情報の信頼性や信ぴょう性を見極めたり確保したりする能力の育成を図る。
・知的財産や個人情報の保護と活用をはじめ、科学的な理解に基づく情報モラルの育成を図る。

理数

新設の背景

・数学・理科を学ぶ楽しさや学習に対する意識が低かった。

・数学と理科で設定されていた探究系科目「数学活用」「理科課題研究」がほとんど開講されていなかった。

新設科目の構成

「理数探究基礎」（1単位）、「理数探究」（2〜5単位）の2科目構成となった。

教科の目標

　様々な事象に関わり、数学的な見方・考え方や理科の見方・考え方を組み合わせるなどして働かせ、探究の過程を通して、課題を解決するために必要な資質・能力を次のとおり育成することを目指す。

知識及び技能	対象とする事象について探究するために必要な知識及び技能を身に付けるようにする。
思考力、判断力、表現力等	多角的、複合的に事象を捉え、数学や理科などに関する課題を設定して探究し、課題を解決する力を養うとともに創造的な力を高める。
学びに向かう力、人間性等	様々な事象や課題に向き合い、粘り強く考え行動し、課題の解決や新たな価値の創造に向けて積極的に挑戦しようとする態度、探究の過程を振り返って評価・改善しようとする態度及び倫理的な態度を養う。

各科目の内容

理数探究基礎

　探究の過程を通して、数学や理科の見方・考え方を組み合わせながら、課題を解決するために必要な基本的な資質・能力を育成する。

> **例**
>
> ・課題を設定するための基礎的な力を身につける。
> ・探究した結果をまとめ、発表するための基本的な技能を身につける。

理数探究

　探究の過程を通して、数学や理科の見方・考え方を組み合わせながら、課題を解決するために必要な資質・能力を育成する。

> **例**
>
> ・多角的、複合的に事象を捉え、課題を設定する力を身につける。
> ・探究の過程を整理し、成果などを適切に表現する力を身につける。

指導計画の内容と作成

・各科目の指導は数学、または理科の教師が行う。その際、複数の教師が協働して指導に当たるなど指導体制を整える。
・理数に関する学科では「理数探究」をすべての生徒に履修させる。
・研究倫理に十分配慮する。
・大学や研究機関、博物館、科学学習センターなどと積極的に連携、協力を図る。
・観察や実験、野外観察などの指導の際は、関連する法規や事故防止に十分留意し、使用薬品などの管理・廃棄についても適切な措置を講ずる。

総合的な探究の時間

新設の背景

・総合的な学習の時間で探究学習に取り組んでいる生徒ほど、全国学力・学習状況調査やPISAの正答率が高く、また学習に対する姿勢の改善に大きく貢献した。

・学校間で探究活動の実施状況に差があり、また「整理・分析」「まとめ・表現」に対する取り組みが不十分だった。

総合的な探究の時間の目標

　探究の見方・考え方を働かせ、横断的・総合的な学習を行うことを通して、自己の在り方生き方を考えながら、よりよく課題を発見し解決していくための資質・能力を次のとおり育成することを目指す。

知識及び技能	探究の過程において、課題の発見と解決に必要な知識及び技能を身に付け、課題に関わる概念を形成し、探究の意義や価値を理解するようにする。
思考力、判断力、表現力等	実社会や実生活と自己との関わりから問いを見いだし、自分で課題を立て、情報を集め、整理・分析して、まとめ・表現することができるようにする。
学びに向かう力、人間性等	探究に主体的・協働的に取り組むとともに、互いのよさを生かしながら、新たな価値を創造し、よりよい社会を実現しようとする態度を養う。

総合的な探究の時間の概要と学習内容例

　総合的な探究の具体的な目標や内容については、学校の教育目標や地域・社会との関わり、他教科との関連性を重視して、各学校が定める。

> テーマ例
> ・国際理解
> ・情報
> ・環境
> ・福祉
> ・健康など

その他
・課題を設定する際、生徒が自分で課題を発見する過程を重視する。
・自然体験や就業体験活動、ボランティア活動などを取り入れる。
・ものづくりや生産活動などの体験活動、観察・実験・実習、調査・研究、発表や討論などの学習活動を積極的に取り入れる。
・地域の人々の協力や、学校図書館や公民館、図書館、博物館等の活用、他校や外部の団体などとの連携を図る。
・職業や進路に関する学習を行う際には、探究活動を通して自己を理解し、将来の在り方や生き方を考える学習活動が行われるようにする。

特別活動

改訂の背景
・特別活動で身に付ける資質・能力が何か意識されていなかった。
・社会参画意識が低く、自治的な能力を育むことが求められた。
・キャリア教育や安全教育が重視された。

特別活動の目標
　集団や社会の形成者としての見方・考え方を働かせ、様々な集団活動に自主的、実践的に取り組み、互いのよさや可能性を発揮しながら集団や自己の生活上の課題を解決することを通して、次のとおり資質・能力を育成することを目指す。

知識及び技能	多様な他者と協働する様々な集団活動の意義や活動を行う上で必要となることについて理解し、行動の仕方を身に付けるようにする。
思考力、判断力、表現力等	集団や自己の生活、人間関係の課題を見いだし、解決するために話し合い、合意形成を図ったり、意思決定したりすることができるようにする。
学びに向かう力、人間性等	自主的、実践的な集団活動を通して身に付けたことを生かして、主体的に集団や社会に参画し、生活及び人間関係をよりよく形成するとともに、人間としての在り方生き方についての自覚を深め、自己実現を図ろうとする態度を養う。

特別活動の概要と学習内容例

ホームルーム活動

　ホームルームや学校での生活をよりよくするために話し合いや役割分担などを行って課題解決したり、自己の課題解決や将来の生き方を描くための実践を行ったりする。

例

・ホームルーム生活の充実や向上のため、生徒が主体的に組織をつくり、役割を自覚しながら仕事を分担して、協力し合い実践する。
・適性やキャリア形成、興味・関心などを踏まえて教科・科目を選択するために、在り方生き方や進路に関する適切な情報を収集・整理する。

生徒会活動

　異年齢の生徒同士で協力し、学校生活の充実・諸問題解決のために自主的、実践的に取り組む。

例

・学校行事の計画の一部を生徒会が担当し、運営に主体的に協力する。
・地域や社会の課題を見いだし、具体的な対策を考え、実践し、地域や社会に参画する。

学校行事

　年齢や所属に関係なく他者と協力し、よりよい学校生活を築くための体験的な活動を通し、集団への所属感や連帯感を深め、公共の精神を養う。

例

・普段の学習活動の成果を発表し、自己研鑽のための意欲を高めたり、文化や芸術に親しんだりする。（文化的行事）
・普段とは異なる生活環境で、見聞を広めたり、自然や文化などに親しんだりしながら、よりよい人間関係を築くなどの集団生活の在り方や公衆道徳などについての体験を積む。（旅行・集団宿泊的行事）

これだけは
おさえておきたい
教育トレンド29

これだけはおさえておきたい
教育トレンド29

前章では最新の学習指導要領の内容をみてきましたが、学習指導要領が改訂されるのは基本的に10年に一度です。「最新の」とは言いつつ、現行の「高等学校学習指導要領」が告示されたのが2018年のこと。2023年現在ですでに5年が経過しており、改訂のスパンが同じであれば次の学習指導要領が実施されるのはここからさらに10年後になります。

教育の質の担保という観点では学習指導要領は役に立つものかもしれません。しかし時代に合った教育を行うためのガイドラインとしては、10年という見直しのスパンは個人的に長過ぎるのではないかと感じています。

第2章では、学習指導要領には書かれていないもの、あるいは詳細について触れられていないものを中心に、最新の教育トレンドについて実例とともに解説していきます。

本来、それぞれの項目で本が1冊かけてしまうほどのテーマですので、この章ですべてを理解するというより、現在の教育のトレンドの全体感を大まかに理解し、気になったものは詳しく調べてもらえればと思います。

「学習のIT化」で知っておきたい
キーワード5選

EdTech

EdTech（エドテック）とはEducation（教育）とTechnology（テクノロジー）を掛け合わせた言葉です。近年、FinTech（金融 × テクノロジー）やAgriTech（農業 × テクノロジー）など、レガシーな産業とIT技術の融合が加速していますが、EdTechもそのうちの一つです。

EdTechが注目されている理由は大きく2つあると思います。

1つは教育を「効率的に」行える点です。たとえば英語や国語の従来型授業スタイルでは、授業中に先生が教科書の文章を黒板に書き写す時間がありました。この間生徒たちはただ待つだけになりますが、デジタル教科書（教科書をデータ化したもの）をプロジェクターで黒板に投影すれば、この時間を短縮し、余剰の時間を演習問題やグループワークのために使えるようになります。

もう1つは教育を「効果的に」行える点です。たとえば地理の授業では、ただ単に「イグアスの滝は世界最大」という知識を覚えるよりも、Google Earthを使って実際に360°画像を見た方がその規模や迫力が伝わります。また、「なぜ滝が二段になっているのか」という探究的な問いも生まれやすくなります。

独立行政法人日本貿易振興機構によれば、2025年の世界におけるEdTech領域の市場規模は38兆円を超えると予想されており、この数値は2018年の17兆円の2倍以上の数字になっています。

また、日本ではこれまで学校教育（特に学校現場）とITは相容れないものという風潮がありましたが、ここ数年は新型コロナウイルスの影響もあり、学校のIT化は注目されています。市場規模は他国ほどではないにせよ2019年時点で2,000億円を超えており、今後2025年までに1.5倍の3,000億円を突破する見込みだと言われています。

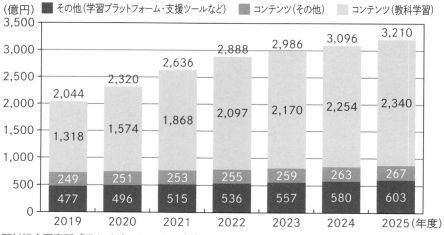

Edtech市場規模の推移予測

(億円)
■ その他（学習プラットフォーム・支援ツールなど）　■ コンテンツ（その他）　□ コンテンツ（教科学習）

	2019	2020	2021	2022	2023	2024	2025(年度)
コンテンツ（教科学習）	1,318	1,574	1,868	2,097	2,170	2,254	2,340
コンテンツ（その他）	249	251	253	255	259	263	267
その他	477	496	515	536	557	580	603
合計	2,044	2,320	2,636	2,888	2,986	3,096	3,210

野村総合研究所「ITナビゲーター2020年版」より

　実際、日本でもさまざまな教育系スタートアップが立ち上がり、大企業が学校向けにITツール・サービスを導入するケースも増えてきています。具体的には、第三章以降で詳しく紹介します。

GIGAスクール構想

　GIGA（ギガ）スクール構想とは、学校のネットワーク環境の改善と1人1台端末整備によって、個別最適化された学びを実現するための文科省のプロジェクトです。これまで培ってきた教育実践にICT技術を掛け合わせることで、教師と子どもたちの力を最大限に引き出すことを目的として始まりました。

　GIGAとは「Global and Innovation Gateway for All」の略で、「すべての児童・生徒にグローバルで革新的な扉を」という意味が込められています。実際の取り組みとしては、ネットワークや端末整備費用の補助、ICT技術者の配置経費補助、オンライン学習システムの導入、授業アイディア集やセキュリティガイドラインの公開などが行われています。

　もともとは2018年から2022年にかけて行われる予定だった『教育のICT化に向けた環境整備5か年計画』が、新型コロナウイルス拡大の影響を受けてスケジュールを前倒しして導入されました。2021年7月時点で、端末の整備に関しては96.1%の自治体が、ネットワークの供用の開始については98.0%の学校が完了していると報告されています。

（文部科学省HP：https://www.mext.go.jp/content/20210827-mxt_jogai01-000017383_10.pdf）

　このように日本における学校のIT化はここ数年で急速に拡大していますが、GIGAスクール構想にまつわる課題も出てきています。

　文部科学省が各学校に行ったアンケートによれば、「教員のICT活用指導力」や「学校の学習指導での活用」といった教える側の技術的問題が浮き彫りになりました。また、「持ち帰り」「情報モラル」のような運用面での課題、「家庭の通信環境」「端末管理・運用」などの技術的な課題が新たに発生していることが分かります。簡単に言えば、モノは揃ったがそれを上手く活用できていない状況になっており、本当の意味での学校のIT化には、超えなければならないハードルはまだまだありそうです。

BYOD

　BYOD（ビー・ワイ・オー・ディー）とは「Bring Your Own Device」の略で、生徒が自分用に持っているPCやタブレットを授業で活用することです。GIGAスクール構想における1人1台端末の補助は、小・中学校と特別支援学校が対象だったため、高校ではICT活用が十分に進んでいないのが現状です。「GIGAスクール構想関連の課題」でも高校では「端末配備」が最も大きな課題となっていることが分かります。

　そんなときに役に立つのがこのBYODという考え方です。

　内閣府が2020年に行った調査によれば、高校生のスマートフォン所持率は99.1%でした。ほぼすべての高校生が自身のスマートフォンを持っていることが分かっています。授業での調べ物や写真・動画の撮影、スライドやドキュメントの作成などはスマートフォンでも事足りるものです。特にICTの導入初期フェーズであれば、いきなり数百万円もかけてデバイスを用意するのではなく、生徒のスマートフォンを使うのも一つの手です。

　ただしBYODには課題もあります。

　たとえばセキュリティ面です。学校指定のデバイスであればセキュリティを強化することができますが、BYODは生徒たちが普段使っているものを使用するので、個人情報や学校の機密情報を扱う際には注意が必要です。

　また、運用面でも課題があります。BYODでは生徒が使うデバイスやOSはバラバラです。アプリのダウンロードに対応がされていなかったり、マニュアルを作成するのに工数がかかったりするというデメリットも考えられます。

　BYODは気軽にICTを活用した教育を始められる点ではいいのですが、本格的に学校のIT化を進める際には限界があります。そのため学校の実情やフェーズに合わせてこれらを上手く使い分けるのがいいでしょう。

SAMRモデル

　授業におけるICTの活用にはいくつか段階があります。有名なのはアメリカの教育学者・Ruben R. Puentedura氏が2010年に提唱したSAMR（サマー）モデルと呼ばれるものでしょう。

　SAMRとはSubstitution（代替）、Augmentation（拡大）、Modification（変形）、Redefinition（再定義）の頭文字を取った言葉です。4つの単語はICTが従来型の授業に与える影響力を表しており、右に行くほどその度合いは強くなります。

　ICTを活用した活動はこの4つのどれかにカテゴライズされることになりますが、言葉だけでは分かりづらいのでそれぞれ実例を見てみましょう。

Substitution（代替）
　これまで使っていたツールをICTで代用すること
・紙のノートの代わりにWordやGoogleドキュメントのような文書作成ツールを使う
・紙の教科書の代わりにデジタル教科書を使う

Augmentation（拡大）
　これまで使っていたツールをICTで代用し、新たな機能が追加される
・紙のノートの代わりに文書作成ツールを使い、自動で文字数をカウントしたり、誤字やスペルチェックを検出したりする
・紙の教科書の代わりにデジタル教科書を使い、英語の文章の音声を流す

Modification（変形）
　授業の設計が変わる
・スタディサプリなどの動画授業を使い、反転授業を行う
・Googleアンケートなどのアンケートツールを使い、授業中にリアルタイムで生徒の理解度を測定し、授業の進行を変更する

Redefinition（再定義）

　これまでできなかった授業を行うことができる

・Zoomなどのオンライン会議システムを使い、先生も生徒も自宅にいなが
ら授業に参加する

・学んだ内容をYouTubeなどの動画サイトにアップロードし、世界中の人た
ちから評価してもらう

　テレビやネットではRedefinitionの例が取り上げられることが多いですが、重
要なのは「いま自分たちの学校がどのフェーズにいて、次にどんなことができる
可能性があるのか」を理解し、計画的に実行することでしょう。いきなり
Redefinitionの活動をすることはハードルが高く、失敗する可能性も高いと思わ
れます。特にこれから本格的に学校のIT化を進める場合は、まずSubstitutionレ
ベルからスタートするのがいいでしょう。

参考：https://idportal.gsis.jp/~idportal/wp-content/uploads/SAMR.pdf

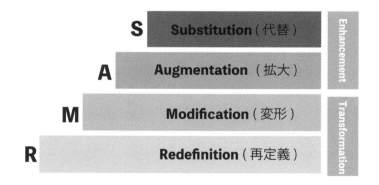

LMS

　LMS（エル・エム・エス）とは「Learning Management System」の略で、日本語にすると「学習管理システム」のことです。学校教育においてLMSで最も有名なのは、おそらくGoogleが提供するGoogle Classroomでしょう。

　Google Classroomではいろいろななことを1つのプラットフォーム上で行うことができます。ここでは、Google Classroomをもとに、学校や授業で特に使える機能をいくつか紹介します。

学習教材やテスト、課題の配信

　Google Classroomの最も一般的な使い方です。先生はそれぞれのクラスで自由にテキストやファイルを投稿することができるので、授業で使ったスライドやワークシート、参考にしたサイトのURLなどを共有できて非常に便利です。先に授業動画や教材を共有することで反転学習を行うことも可能です。

成績の管理

　配信されたテストや課題は、Google Classroom上で採点ができます。一つの画面ですべての生徒の成績を管理することができ、データはほんの数クリックで簡単にエクスポートすることも可能です。

　先生たちの多忙さの大きな理由の一つに「成績処理」が挙げられますが、こういったLMSを活用することはその負担の削減につながります。

生徒とのコミュニケーション

　Google Classroomでは生徒と直接コミュニケーションを取ることも可能です。たとえばただ機械的に課題の採点をするのではなく、生徒宛にひとこと労いのメッセージを添えたり、逆に生徒から課題について質問が来たりすることもできます。

　特に休校中のオンライン授業では、生徒たちのモチベーション維持のためにこの機能は大活躍します。

　LMSはGoogle Classroom以外にもネット上で無料公開されているソフトやIT

企業が有料で販売しているものがあります。また、ハードルは高いですが自作することもできます。

　一度使うとこれがなくては授業ができなくなってしまうほど便利なので、まだ導入していない学校はぜひ検討してみてください。

「学習法」で知っておきたい
キーワード5選

アクティブラーニング

　アクティブラーニングとは、教員による一方向的な講義形式の教育とは異なり、学修者の能動的な学修への参加を取り入れた教授・学習法の総称です。2012年ごろから大学教育で注目されはじめた概念で、新学習指導要領の中では「主体的・対話的で深い学び」と表現されています。現在では小中学校や高校でも重視されている考え方です。

　アクティブラーニングが注目されるようになったのは、人生100年時代やVUCA時代と呼ばれる現代において、主体的に学び続ける力や認知的・倫理的・社会的能力、教養、知識、経験などの汎用的能力を育成する必要が出てきたことが背景としてあります。具体的にはどのような教授方法なのでしょうか。

　代表的なものとしてグループワークやグループディスカッションがよく取り上げられます。

　英語の授業を例にとってみましょう。たとえば先生が一方的に単語の意味や文構造を解説しながら英文を翻訳していく従来型の授業も、同じことを生徒同士で行うだけでアクティブラーニング的になります。4~5人のグループをつくり、分からないところを教え合いながら英文を読み進め、ときにいい意味での言い合いに発展するような活動はまさに、主体的で対話的で深い学びです。

　また、アクティブラーニング型の授業は前述のようなスキルが養われるだけでなく、効率的な授業スタイルだと言うこともできます。
　生徒たちにとって分らない・理解しにくいポイントは一人ひとりバラバラです。そんな生徒たち40人に対して、全員が置いていかれないような授業はとても非効率ですが、先ほど例に挙げたようなアクティブラーニング型の授業ではグループのメンバーが分らない箇所だけを教え合うことになるので、結果として非常に

効率よく教科書を読み進めていくことができるのです。(そして余剰の時間は実際に英語を「使う」活動に当てることができるようになります。)

　このようにアクティブラーニングにはメリットがたくさんありますが、注意も必要です。具体的には、手段が目的化しないように留意する必要がありあます。

　アクティブラーニングはここ数年で一気に注目度が高まりましたが、言葉だけが先行してしまい、アクティブラーニング型の授業を行うこと自体を目的とした授業がみられるようになりました。実際、「とりあえず形だけグループワークをさせる」ような授業を見聞きすることがあります。

　アクティブラーニングはあくまで生徒たちが主体的・対話的で深い学びを行うための手段です。このことを忘れず、生徒ファーストで授業を設計していきたいものです。

引用：https://www.mext.go.jp/component/b_menu/shingi/toushin/__icsFiles/
　　　afieldfile/2012/10/04/1325048_3.pdf

アダプティブラーニング

　アダプティブラーニングとは、生徒一人ひとりの特性や理解度に合わせた学習コンテンツや学び方を提供する学習方法のことです。日本語では「個別最適化学習」などと訳され、文部科学省では「多様な子供たちを誰一人取り残すことのない公正に個別最適化された学び」と表現されることが多いです。

　これまではすべての生徒が同じ教室で、同じ内容の学習を、同じ進度で行うということが一般的でした。しかし、生徒たちの得意・不得意は一人ひとり異なります。
　それだけでなく、近年は生徒たちの特性や置かれている環境、バックグラウンドも多様化してきており、たとえば外国にルーツを持つ生徒や日本語を母語としない生徒、また発達障がいや学習障がいを抱える生徒たちの人数・認知数も年々増えています。

　このような生徒たちを一つの教室に集め、一斉型授業を行うことは以前から問題視されていました。しかし、これまでは教員数の関係や物理的な制約から一人ひとりに個別の対応をするということは現実的に不可能でした。

　しかしテクノロジーの発展により、現状は変わりつつあります。

　たとえばAI教材「atama＋（アタマ・プラス」はその代表例と言えます。atama+は生徒の理解度・学習履歴・ミスの傾向などをAIが分析し、一人ひとりに合わせた専用の学習カリキュラムを自動作成してくれます。あらゆる学力レベルの生徒が最短・最速で基礎学力を身につけることを可能にし、現在2,500を超える学習塾や予備校で導入されています。

　また、学習者の記憶定着をサポートする学習ツール「Monoxer（モノグサ）」もAIを活用して学習者一人ひとりの記憶度や忘却度を独自に算出します。そこから個別の学習計画や問題を自動で作成し、確実な記憶の定着を目指しています。こちらも多くの学習塾や学校で活用が進んでいます。

このようなツールは生徒たちの学習をサポートするだけでなく、先生にとってもメリットがあります。上記のようなツールには先生用の管理画面が用意されており、そこでは生徒たちの学習状況や理解度が見える化されるようになっているからです。

　こういったデータを活用すれば生徒一人ひとりに合った声かけ・指導を行うことが可能になり、まさに個別最適化された学習ができるようになるわけです。

参考：https://www.mext.go.jp/component/a_menu/education/micro_detail/__icsFiles/
　　　afieldfile/2019/04/22/1304738_003.pdf

参考：https://www.mext.go.jp/component/b_menu/shingi/toushin/__icsFiles/
　　　afieldfile/2015/03/16/1355830_1.pdf

PBL

　PBL（ピー・ビー・エル）は「Project Based Learnig」の略で、日本語では「課題解決型学習」「プロジェクト型学習」などと訳されます。（PはProblemやProgramを指すこともあり、厳密には違いがありますが今回は特に区別はしません。）

　PBLとは、子ども自身にとって意味のあるプロジェクト（課題）に取り組みながら、学習を進める方法です。正解のない問いに対して生徒たちが解決策を考案しながら進めていくのがPBLの基本になります。

　従来型の教育では正解がある問いをいかに正確に解くかということが重視されてきました。しかし、社会に出れば正解のない問いを扱うことの方が多くあります。そのような課題に立ち向かう力を養うとともに、プロジェクトの過程で従来の学習内容も身につけていく学習スタイルです。多くの学校で取り入れられてきています。

学習テーマは実社会のリアルな課題が扱われることが多く、「若者の読書離れを防ぐためには？」や「町の商店街活性化のための施策を考えよう」などが例として挙げられます。

　これだけ聞くとなんだかハードルが高いように思えるかもしれませんが、PBLは学校や生徒たちの実情に合わせて、その難易度をコントロールすることが可能です。

　たとえば同じ「商店街の活性化」というテーマでも、インターネットで情報を探したり、生徒同士でディスカッションを行ったり、教室内だけで授業を完結させることもできれば、実際に商店街に出向き、住民やお店の方々にヒアリングを行ったり、考えた施策を実際に行ったりすることもできます。また、難易度は高いですが、テーマや課題を設定するところから生徒自身にやってもらうことも考えられます。

　また、私が感じているPBLの最も大きなメリットは「生徒も先生も楽しんで授業に参加できる」という点です。

　教科書に書かれていることをただ読み上げ、練習問題に取り組む従来型の授業は機械的で、先生も生徒も面白さを感じにくかったと思います。しかしPBLでは身の回りの課題をテーマとして扱うため、自分事化しやすく、学習のモチベーションも上がりやすいのです。これは生徒だけでなく先生も同様で、プロジェクト終盤の熱量は通常の授業では考えられないほど高く、最終コマの発表が終わった後の達成感はひとしおです。

　PBLは新学習指導要領の探究学習にも通ずる考え方なので、総合的な探究の時間はもちろん、それぞれの教科・科目で探究型の授業を設計する際にはぜひPBLの実践も参考にしてみてください。

オンライン授業

　オンライン授業はその名の通り、ZoomやGoogle Meetなどに代表されるオンライン会議システムを使った授業です。アクティブラーニングやアダプティブラーニング、PBLとは少し毛色が異なりますが、これは避けては通れないトピックです。

　なお、オンライン授業は大別するとリアルタイムに配信する「ライブ配信型」と録画した動画を配信する「オンデマンド型」の2パターンがありますが、今回はオンライン授業＝ライブ配信型で話を進めていきます。

　これまでオンラインで授業を行うということは学校現場では一般的ではありませんでした。それもそのはず。その必要性がなかったからです。

　しかし新型コロナウイルスの影響を受けて、分散登校や休校が要請され、先生も生徒も自宅にいながら授業を行うことが求められるようになりました。先生たちはなんとか徒たちの学びを止めないために試行錯誤しながらオンライン授業にチャレンジしました。

　実は私もオンライン授業を経験した先生の一人です。ここでは、実際にオンラインで授業をやってみて感じたメリットやデメリットについて簡単にまとめようと思います。

メリット①
生徒全員の意見を吸い取ることができる

　対面（オフライン）授業では、生徒全員の意見や考えを知ることは困難でした。1つの問いに対して40名全員から発言してもらうのは現実的ではないからです。

　しかしオンライン授業では、チャットやアンケート機能を使うことで、文字や数字で生徒たちの意見を可視化できるようになりました。生徒全員の理解度を把握できるので、ある問題の正答率が低いときは解説を丁寧に行い、逆に高いときは解説を簡略化するといったことが可能になりました。

出欠管理を自動で行える

　多くの学校では生徒の出欠席を目視で確認し、「教務手帳」で管理していると思います。これでは時間もかかりますし、人間のすることなのでミスが生じることもあります。私も欠席日数のズレはなんどか経験したことがあります……。

　しかしオンライン授業であれば、生徒がの入退室のログが自動で残り、出力も簡単にできます。出欠確認の時間を取る必要がなくなるだけでなく、ヒューマンエラーも起きづらくなるのは大きなメリットです。

メリハリをつけられる

　対面で授業をしていると、授業後も生徒と雑談をしたり、職員室に戻っても同僚といろいろ話をすることがあります。もちろんそれも楽しいのですが、自分の仕事に集中し、しっかりと休憩をとることも重要です。

　オンライン授業は（自宅からつないでいる場合）部屋から退出してしまえば自分一人の空間です。そこからは自分の仕事に集中することもできますし、パソコンを閉じてしまえば仕事から離れて休憩することも可能です。

授業のやり方に制限がかかる

　たとえばグループワークはオンラインだとやりにくさを感じました。もちろんZoomではブレイクアウトルーム機能を使ってオンライン上で少人数の部屋を作成することができます。しかし、グループ全体を見渡すことができないので作業の進行状況が把握しづらく、生徒が関係のない話を始めてしまうこともちらほら起こります。

　授業の自由度、やりやすさに関してはオフラインに軍配が上がるかもしれません。

生徒が本当に授業に参加しているか分からない

　中には頑なに画面をonにしない生徒もいます。もちろんさまざまな事情があるのでoffのままでも構わないのですが、問いかけにリアクションがなかったり、他の生徒が部屋を退出した後もずっと残っていたりすると、本当に授業に参加しているのかな？　もしかすると入室だけして別のことをやっているんじゃないだろうか？　といろいろ考えてしまいます。

　オンライン授業を実際にやってみて初めて、オフラインのときにあった緊張感の良さを感じました。

デメリット③

生徒の様子を把握しづらい

　これはメリット③の裏返しでもあるのですが、学校では授業中や休み時間に生徒の様子を観察することができました。しかしオンラインだと画面に映る生徒の小さな顔から表情を読み取るのは難しいですし、休み時間は生徒も画面をoffにするので、どうしようもなくなってしまいます。

　オフラインでは生徒たちのちょっとした表情の変化から声のかけ方を変えたりしていましたが、オンラインだとそれが難しいと感じています。

　ニュースではオンラインとオフラインが二項対立的に取り上げられることが多いですが、ここまで見てきたように両者には一長一短があります。今後はそれらを融合したハイブリットな授業・学校運営が求められるのではないかと思っています。

VR教育

　VR（ブイ・アール）とは「Virtual Reality」の略で、日本語では「仮想現実」などと略されます。

　Meta（メタ）社から出ているMeta QuestがVRを楽しむことができる代表的なデバイスで、専用のヘッドセットを頭に装着するとVR空間の中で映像を見たり、ゲームをプレイしたりといったことが行えるようになります。

　そして今、このVRを活用した教育が注目されてきています。
　たとえば私が以前勤めていたN高等学校ではMeta Questを使ったVR授業が行われていました。
　私もVRを使った授業やレクリエーションは体験しましたが、主にメリットは3つ挙げられます。

メリット①
物理的な制約がなくなる

　VR空間では物理的な制約がないので、遠く離れた人とコミュニケーションをとることができたり、実際には移動が難しい場所を訪れたりすることが可能です。
　たとえば、全国、あるいは全世界の人々と一緒に、地理の授業でさまざまな土地を擬似的に訪れたり、地学の授業で宇宙空間に飛び出し天体の観察を行ったりすることができるようになります。

メリット②
2次元では得られなかった情報が得られる

　現実世界の授業では、教科書やワーク、場合によって PCやタブレットから情報を得ますが、紙面やモニターなど2次元の情報から得られる情報には制限があります。数学の空間図形や空間ベクトルなどはその典型で、紙面（あるいは画面）上で立体図形がイメージできなかった人も多いでしょう。しかし、VRを使えば立体などこれまで可視化が難しかったものを目の前でさまざまな角度から観察す

ることができ、理解を深めやすくなります。

メリット③
失敗が許される

　これはVRを活用した教育の話でよく言われることですが、VR上では失敗が許されます。どういうことでしょうか。たとえば現実世界で化学の実験を行う際、失敗は下手をすると怪我や実験器具の破損につながってしまいますが、VR上ではその心配がいりません。現実世界ではどうしても予定調和的にならざるを得ない実験も、VR上では生徒たちが好きなように行うことができ、本当の意味での「実験」ができるようになるわけです。

　VRはまだまだその教育的効果が未知数であることや、導入コスト、身体（特に目）への影響の観点からは課題が残っています。しかし、上述のように学校におけるVR活用にはメリットもたくさんありますので、これから各学校でさまざまな実践が行われることを期待したいです。

「学習内容」で知っておきたい
キーワード7選

アントレプレナーシップ教育

　アントレプレナーシップ（=entrepreneurship）とは日本語で「起業家精神」
のことです。このアントレプレナーシップを養うことを目的とした起業体験プロ
グラムを活用した教育が、いま日本で注目を集めています。

　アントレプレナーシップ教育の注目度が高まっている背景・理由は2つあると
思います。

1つは日本のスタートアップ数が少ないことです。

　スタートアップとは、新しいテクノロジーやビジネスモデル、アイディアを強
みに、短期間で急成長する企業のことです。

　世界中のスタートアップ情報を集約している「Startup Ranking」というWEB
サイトによれば、各国のスタートアップの企業数ランキングは2022年4月時点
で次の通りとなっています。

[1位] アメリカ（71,611社）
[2位] インド（13,277社）
[3位] イギリス（6,289社）
[4位] カナダ（3,371社）
[5位] インドネシア（2,359社）
・
・
・
[23位] エジプト（612社）
[24位] アメリカ（593社）
[25位] ベルギー（579社）
https://www.startupranking.com/

またユニコーン企業と呼ばれる企業評価額が10億ドル以上のスタートアップに関しても2022年4月現在、世界で1,000社あるうち日本の企業は5社に止まっており、世界的に見て日本はかなり出遅れていることが分かります。（ちなみにランキングのトップ3カ国はアメリカが562社、中国が173社、インドが65社となっています。）

　日本人の起業への意識の低さは以前から指摘されていたことで、アントレプレナーシップ教育によってこの現状が打開されることが期待されているのです。

　もう1つの理由は、キャリア教育・探究学習の充実の観点から注目されていることです。

　起業家教育と聞くとどうしても起業家を育成するための教育といった印象を持ってしまうかもしれませんが、実はそんなことはなく、日本ではキャリア教育の一環としてアントレプレナーシップ教育が位置付けられています。

　考えてみれば、起業するにあたって必要とされるチャレンジ精神や探究心、情報収集・分析力、コミュニケーション力はフリーランスや会社に所属して仕事をする上でも必要な力です。

　これらは特別活動や総合的な探究の時間などでも育成すべきとされている資質・能力であり、起業について学んだり、体験したりすることはキャリア教育・探究学習などの観点からも非常に有用なのです。

性教育

　性教育は、体育や保健、理科などでこれまでも扱われてきましたが、依然としてなくならない子どもの性トラブルや、諸外国で進んでいる性教育からの遅れ、性的少数者にかかわる社会的課題の顕在化などから、いま見直しが盛んに議論されています。

　その中で必ずと言っていいほど話題に上がるのが「はどめ規定」と呼ばれるものでしょう。

　はどめ規定とは、学習指導要領の中で特定の項目について「取り扱わないものとする」といった文言が書かれることを指します。

　性教育に関するものとしては「小学校学習指導要領」の5年生の理科における「受精に至る過程は取り扱わないものとする」と、「中学校学習指導要領」の保健における「妊娠の経過は取り扱わないものとする」の2つが該当しますが、これが遠回しな表現で非常に分かりづらいのです。どういうことかと言うと、要するに授業の中で性行為については触れない方針であるということです。

　授業では妊娠の仕組みや性暴力、性被害などについては扱うことになっているので、性行為について触れずにどうやってそれらを教えればいいのかと疑問を持たれるかもしれませんが、まさにここが問題となっている点なのです。

　実際には学習指導要領に書かれている内容は子どもたちに教えるべき最低基準であって、そこに書かれていない内容を教えてはいけないという決まりはないのですが、なんとなくタブー感ややりづらさを感じる先生が少なくないようです。これがハードルとなって、性教育の改善もなかなか進んでいません。

　一方、世界に目を向けるとユネスコを中心に作成された「国際セクシュアリティ教育ガイダンス」を活用した「包括的性教育」が5歳から行われるのがスタンダードになりつつあります。

包括的性教育のキーコンセプト

1. 人間関係
2. 価値観、人権、文化、セクシュアリティ
3. ジェンダーの理解
4. 暴力と安全確保
5. 健康とウェルビーイング（幸福）のためのスキル
6. 人間の体と発達
7. セクシュアリティと性的行動
8. 性と生殖に関する健康

（引用：ユネスコHPより　https://unesdoc.unesco.org/）

　包括的性教育とは、妊娠や出産といった特定の領域だけでなく、人間関係やウェルビーイングなども含めた広い意味での性教育を統合的に行うことを指します。
　上に挙げた8つのキーコンセプトはその柱となるもので、日本の体育や保健はもちろん、理科や道徳などの教科・科目とも親和性があることから包括的性教育の導入が期待されています。

金融教育

　金融教育とはその名の通り、金融に関する教育のことです。金融広報中央委員会では以下のように定義されています。

> 金融教育は、お金や金融の様々な働きを理解し、それを通じて自分の暮らしや社会について深く考え、自分の生き方や価値観を磨きながら、より豊かな生活やよりよい社会づくりに向けて、主体的に行動できる態度を養う教育である。
>
> 引用：金融広報中央委員会HPより
>
> https://www.shiruporuto.jp/education/about/container/program/

　今回の高等学校学習指導要領改訂でも「家庭（家庭総合）」と「公民（公共）」の中でも扱われるようになるなど、金融教育は現在注目を集めていますが、一体なぜなのでしょうか。

　背景はいくつかありますが、ここでは大きな2つの理由をご紹介します。

1つは子どものお金にまつわるトラブルの増加です。

　たとえば近年、スマートフォンやクレジットカードの普及により、子どもによるオンラインゲームの高額課金のトラブルが深刻化しています。

　国民生活センターの統計によれば、2020年に受けたオンラインゲームに関する小中学生・高校生の相談件数は3,723件。これは2016年の3倍以上にも登ります。

参考：https://www.kokusen.go.jp/news/data/n-20210812_2.html

　成人年齢の引き下げで18歳から自分の意思で契約を結ぶことができるようになったこともあり、この問題はさらに増加することが予想されます。

　子どもたちに正しい金融リテラシーを身につけさせ、このような被害から守ることが金融教育には求められるようになりました。

もう1つの理由はキャリア教育です。

　前述の「キャリア教育」でも触れましたが、キャリア教育とは「一人一人の社会的・職業的自立に向け，必要な基盤となる能力や態度を育てることを通して，キャリア発達を促す教育」を意味します。

　これは金融教育が目指す姿と通ずることがわかるでしょう。

　キャリアについて考えるとき、お金や経済は避けては通れないトピックです。金融教育はキャリア教育を金融の側面からサポートするような位置付けとなることが期待されているのです。

　しかしながら、金融の専門家ではない家庭や公民の先生がいきなり金融の授業を行うことはハードルが高いと思うので、外部の教材を活用したり、外部機関に協力を仰いだりすることがよいでしょう。

　たとえば、先生向けの金融経済教育支援サイト「金融経済ナビ」では、金融や経済、資産形成などに関する教材や授業動画を無料で掲載しています。また東京証券取引所も全国の小中学校・高校を対象に経済や会社、株式のしくみについて学べる出前授業を行なっていますので、ものも参考にするといいでしょう。

STEAM教育

　STEAM（スティーム）教育について考える前に、まずはその前身となったSTEM（ステム）教育を確認しておきましょう。

　STEMとはScience（科学）、Technology（技術）、Engineering（工学）、Mathematics（数学）の頭文字をとった言葉です。 STEM教育はこれら4つの領域を統合的に学習しながら課題解決に挑戦する、体験型・創造型教育のことです。

　2000年代、IT人材の不足が叫ばれていたアメリカで提唱された教育モデルで、日本では2022年に開設された高校の「数理」がこれに近いとされています。（新学習指導要領の中でもそのように言及されています。）
　「STEAM教育」とは、このSTEM教育にArtsが加わったものです。 文部科学省はこのArtsを単なる「芸術」の意味ではなく、いわゆるLiberal Arts（リベラルアーツ）、つまり美術や音楽、文学、歴史などを含む広い意味で定義しています。文理関係なく、教科横断的に課題発見・解決力を育成することの重要性を示しています。

　では具体的にはどのようなことを行えばよいのでしょうか。

　経済産業省が運営するSTEAM教育に関するポータルサイト「STEAM Library」が非常に参考になります。
　STEAM Libraryには、リアルな課題を取り上げた授業やスライド、ワークシートがさまざまな企業によって公開されています。
　たとえば、百科事典などで有名なブリタニカ・ジャパン株式会社は「地図の収益化」についてのコンテンツを公開しています。地図を理解するための理科や社会の内容や、実際に地図を作成するための美術の内容が分かりやすくまとめられています。さらに、コンテンツが英語で作られているため英語のスキルがそれぞれ必要になり、これこそがSTEAM教育だというイメージをつかむことができるでしょう。

　文部科学省もSTEAM教育を行うにあたって、地域や行政、大学、民間企業等

と連携しながら、社会につながるリアルな課題を扱うことを推奨しているため、ゼロから自身でカリキュラムを考えるのではなく、最初は上記のようなコンテンツを活用するのがいいのかもしれません。

主権者教育

　主権者教育とは、政治リテラシーや政治に対する興味・関心、政治に関する活動に参画する態度を育むための教育を指します。

　政治に関する教育は、1969年の文部省通知「高等学校における政治的教養と政治的活動について」などを参考に、以前から行われていました。

　しかし、若者の政治離れが加速していることや、2015年に公職選挙法が改正され、高校在学中の18歳から選挙権が与えられるようになったことがきっかけとなり、約50年ぶりにその内容が見直されることになりました。

　主な変更点は以下の通りです。

旧

背景	違法/暴力的な政治活動に参加したり、授業妨害/学校封鎖を行ったりする生徒がいた
内容	・生徒たちの政治的活動を規制 ・政治に関する具体的な事象を扱う場合は、政治的中立性を保ちって十分留意する必要があるというスタンス

新

背景	成人年齢の引き下げ
内容	・生徒たちの政治的活動の規制を一部撤廃 ・政治的中立性を保ちながら、政治に関する具体的な事象や現実の政治を使った実践的な指導を行うことを推奨 ・異なる意見を持つ生徒同士が議論する活動を推奨

　また、2022年から全面実施になった高校の学習指導要領の中でも、「公共（公民）」が新科目として追加され、主権者教育の充実が図られることになりました。

　しかし、以前から言われていることですが、主権者教育は一部の教科、あるいは学校だけで完結するものではありません。他教科やホームルーム活動、生徒会活動、学校行事などでも扱われるべきであり、またその際、家庭や学校外の団体・機関との連携も重要になってきます。

選挙や政治に関する出前講座や模擬選挙のようなワークショップは、自治体や NPO、学生団体などで年間を通して数多く開催されているので、これら外部の 方たちと連携して授業を設計したりイベントを企画したりするのもよいでしょう。

プログラミング教育

　プログラミング教育とは、コンピュータプログラミングを学ぶだけでなく、「プログラミング的思考力」を身につけることを含めた概念です。

　新学習指導要領では小学校、中学校、そして高校のすべての校種で必修化されています。そのねらいや内容は以下の通りです。

小学校
・各教科でプログラミング的思考力（＝物事を仕組みを理解したり、順序立てて考えたりする論理的思考力）を身につける学習活動を行う
・算数や理科、総合的な学習の時間でプログラミングについて触れる

中学校
技術・家庭の技術分野において、以下のようなことを学習する
　・双方向性のあるコンテンツの作成（例：クイズなど）
　・計測・制御のプログラミング（例：ロボットなど）

高校
情報Iにおいて、以下のことを学習する
　・オープンデータを活用した簡単なアルゴリズムの作成（例：合計や平均、最大値・最小値の算出など）
　・作成するものに合わせて適切なプログラミング言語を活用することの理解
　・ライブラリやAPIの活用

　なぜ、小学校から中学校、高校を通してプログラミング教育が拡充されたのでしょうか。今回のプログラミング教育必修化のねらいは2つあると思います。

1つはITリテラシーの向上です。

　スマートフォンやパソコン、そして最近ではIoTやAIなど、私たちの生活はもはやコンピューターなしでは考えられないようになりました。

コンピューターに意図通りの動作を行わせるのがプログラミングであり、プログラミングを理解することは、IT機器やサービスをより適切に、効果的に活用することにつながります。（文部科学省ではよく「コンピューターが魔法の箱でなくなる」という表現が使われます。）

もう1つはIT人材の育成です。

経済産業省の試算によれば、2030年にはIT人材の不足が最大約79万人にまでのぼるとされています。

先に私たちの生活はプログラミングなしでは考えられないと述べましたが、これは逆に言えば新しい商品やサービスを生み出すにはプログラミングが必須だということです。

若いうちからプログラミングを習得し、その技術を活用して特許取得や起業する人材が近年増えていますが、国としてはこのような人材をどんどん輩出したいという思っているようです。

高校では、2025年の共通テストから国立大学受験に「情報I」が必須になりましたが、今後も学校教育をめぐるプログラミング教育の動向から目が離せません。

SDGs教育

　SDGs（エス・ディー・ジーズ）とは「Sustainable Development Goals」の略で、2015年の国連サミットで採択された2030年までに持続可能でよりよい世界を目指す国際目標のことです。目標は17のゴールと169のターゲットから構成され、発展途上国だけでなく先進国を含む全世界がその対象となっています。

SDGsの17のゴール

1. 貧困をなくそう
2. 飢餓をゼロに
3. すべての人に健康と福祉を
4. 質の高い教育をみんなに
5. ジェンダー平等を実現しよう
6. 安全な水とトイレを世界中に
7. エネルギーをみんなにそしてクリーンに
8. 働きがいも経済成長も
9. 産業と技術革新の基盤をつくろう
10. 人や国の不平等をなくそう
11. 住み続けられるまちづくりを
12. つくる責任つかう責任
13. 気候変動に具体的な対策を
14. 海の豊かさを守ろう
15. 陸の豊かさも守ろう
16. 平和と公正をすべての人に
17. パートナーシップで目標を達成しよう

　そして今、日本の学校ではこのSDGsに関する教育を行うことが求められています。新学習指導要領の中でもSDGsという言葉は使われていませんが、「（子どもたちが）持続可能な社会の創り手となることができるようにする」ことの重要性が何度も繰り返し述べられています。

では具体的にどのようなことを行うべきなのか。私は大きく2つあると思います。

1つはSDGsそのものを知る活動です。

　電通が毎年行っている調査によれば、SDGsの認知度（=名前を聞いたことがある割合）は2022年時点で86.0%にまでのぼり、これは第一回調査の2018年の6倍以上の数字になります。しかし、「内容まで含めて知っている」層はまだ全体の3割ほどに止まっているとのことです。

　先述の通りSDGsには17のゴールと169のターゲットが設定されていますが、まずはその内容をしっかりと理解することからはじめる必要がありそうです。

　SDGsについて学べるWEBサイトや動画はインターネット上にたくさんあります。また最近ではボードゲームやカードゲームで楽しみながら学習できるものもあるので、これらも上手く活用していきたいです。

**　もう1つはSDGs達成のためのアイディアを考えたり、取り組みを行ったりすることです。**

　SDGsのゴール・ターゲットは生徒たちが普段学習している教科・科目に密接に結びついているものも多いです。

　3.　すべての人に健康と福祉を→体育・保健など

　11.　住み続けられるまちづくりを→地理・公民・家庭など

　新学習指導要領では各教科・科目で探究的な学びを行うことになっていますが、その題材にもSDGsはぴったりです。授業で学習したことをもとに、どうすればSDGsを達成できるかを考え、実行することは非常にいい実践になります。

「学習サポート人材」
キーワード4選

ICT支援員

　ICT支援員とは、学校のICTに関する業務の支援を行うスタッフのことです。

　学校のIT化に伴い、教師はICT機器やサービスを活用した授業改善や生徒のサポートを行う必要が出てきました。ICT支援員とは、その負担を軽減するために新しく作られた学校のポジションです。

　具体的な業務例は以下の通りです。

授業関連の業務例
・授業計画の作成支援
・教材作成
・ICT機器の準備・メンテナンス・操作支援
・トラブル対応など

公務関連の業務例
・学籍管理
・出欠管理
・成績処理
・情報共有　などのような業務の操作支援

環境整備関連の業務例
・日常的メンテナンス支援
・年次更新
・運用ルール作成支援
・セキュリティポリシーの作成支援　など

校内研修関連の業務例
・校内研修に関する以下のような業務

・企画支援
・準備
・実施
・実施支援　など

　文部科学省が取り組む「教育のICT化に向けた環境整備5か年計画」では、2022年度中にICT支援員を4校に1名配置することが示されました。まさに現在進行形で環境整備が進んでいます。

　ICT支援員によるサポートは先生の授業や業務の負担減においてその効果が期待されていますが、すでに課題も見えてきています。

　たとえばICT支援員の質です。

　ICT支援員は教育委員会が直接雇用する場合と、民間企業が雇用するスタッフを派遣する場合の2パターンがありますが、雇用形態や業者によりそのスキルや経験の差が大きいという課題が発生しているようです。

　インターネットで「ICT支援員求人」と検索すると、「年齢、学歴、経験、資格不問」のような求人も多数見られます。学校現場に本気でICTを浸透させ、教育のIT化を進めたいのであれば、この部分は避けて通ることはできない問題でしょう。

教員業務支援員

　教員業務支援員とはその名の通り、教員の業務をサポートするための人材です。スクール・サポート・スタッフ（SSS）と呼ばれることもあります。

　以前から学校によっては教師の業務サポートのために人員を配置することもありましたが、2018年からは国が人員確保のために各自治体へ補助金が用意されるようになりました。2022年度では24,300人を雇用するために103億円の予算が確保されています。

　教員業務支援員は、学校現場の「働き方改革」を背景として生まれた職種ですが、具体的にはどのような業務を行うのでしょうか。

　教員業務支援員の仕事内容を確認する前に、まずは先生がそもそもどのような業務を行っているかを改めて確認しましょう。

学校以外で担うべき業務
(1) 登下校に関する対応
(2) 放課後から夜間などにおける見回り、児童生徒が補導されたときの対応
(3) 学校徴収金の徴収・管理
(4) 地域ボランティアとの連絡調整

必ずしも教師が担う必要のない業務
(5) 調査・統計等への回答等
(6) 児童生徒の休み時間における対応
(7) 校内清掃
(8) 部活動

教師の業務であるが、教師の負担軽減が可能な業務

（9）給食時の対応

（10）授業準備

（11）学習評価や成績処理

（12）学校行事の準備・運営

（13）進路指導

（14）支援が必要な児童生徒・家庭への対応

　これは、2019年に中央教育審議会がこれまで教師が行ってきた業務を3つに分類したものです。

　教員業務支援員は主に、3つ目の「教師の業務であるが、教師の負担軽減が可能な業務」について、各校の校長マネジメントのもとサポートを行うことになっています。

　教員業務支援員の存在は先生の負担軽減に寄与するとは思いますが、個人的にその拡充には反対のスタンスをとっています。というのも、補助的なスタッフの配置はその場しのぎの対処療法にしかならず、課題（＝教師の膨大な業務量）の根本的な解決にはならないからです。

　各学校、あるいは国はただ業務を教員業務支援員にアウトソースするだけでなく、生まれた余剰時間を用いて、課題の根本的解決のために時間をつかってほしいと思います。

部活動支援員

　2017年にスポーツ庁が行った調査によれば、部活動顧問の部活動に関する悩みとして最も多いのは中学校・高校ともに「顧問教員の負担軽減」です。その割合はなんと80%近くにのぼります。

　その他の数値をみても「顧問の知識・技術不足」や「顧問の不足」など、先生自身に関わる悩みの割合が高いことが分かります。

　また文部科学省が2017年に行った別の調査では、運動部顧問の担当スポーツの競技経験に関して、中学校では52.1%が、高校では44.9%が経験なしという結果が得られています。

　私も高校で働いていた最初の2年間は、競技経験のないサッカー部の担当でした。しかも県内でも有数の強豪校だったため、土日はほぼ毎週欠かさず練習や公式戦があり、雨の日も風の日も雪の日もグラウンドに立ち続けました。

　私はなんとか2年間顧問を勤めあげることができましたが、私の周りには部活動が原因で精神的に参ってしまう人や、なかには教師の仕事を辞めてしまう人もいました。

このような実態を受けて文部科学省は2017年、「学校教育法施行規則」を一部改正することになります。部活動に関しては、部活動指導員という新しいポジションが作られることになりました。

　部活動指導員はこれまでの「外部コーチ」制度とは違い、顧問の帯同なしで部活動の指導を行ったり、練習試合などの引率ができるようになったのです。

　また、これまで身分が不明確で、無償で指導に当たることもあった外部コーチに対して、部活動指導員は「学校職員」の立場で必ず給料をもらえることになりました。（費用の一部は国が負担。）

　しかしこれで顧問の負担が減るかと思いきや、先に紹介したスポーツ庁の調査では、部活動指導員を設置する学校は全体の1割にも満たないのです。

　原因はいろいろありますが、部活動顧問としての責任の重さや、それに見合わない不十分な報酬、多すぎる仕事量などが挙げられています。

　まだまだ課題はありますが、部活動指導員の存在はこれまで議論されてきた教員の部活動顧問問題を解決する糸口になると思うので、今後の動きに期待です。

スクールカウンセラー

　スクールカウンセラーは、教育機関で心理相談などを行うスタッフのことです。
　その歴史は長く、1995年に文部科学省が「スクールカウンセラー事業」と題して全国の学校に臨床心理士などを派遣したことがはじまりでした。いじめや不登校問題の深刻化を受けて、より専門的な知識・経験を持つ専門家を活用する必要が生じてきたためです。2021年時点で約3万人のスクールカウンセラーが配置されており、全国の学校の約70%がカバーされています。
　スクールカウンセラーの業務内容は以下のとおりです。

　スクールカウンセラーの業務内容
1.　児童生徒に対する相談・助言
2.　保護者や教職員に対する相談（カウンセリング、コンサルテーション）
3.　校内会議等への参加
4.　教職員や児童生徒への研修や講話
5.　相談者への心理的な見立てや対応
6.　ストレスチェックやストレスマネジメント等の予防的対応
7.　事件・事故等の緊急対応における被害児童生徒の心のケア

　ここで特に注目したいのは2番の「保護者や教職員に対する相談（カウンセリング、コンサルテーション）」です。
　「スクールカウンセラー」と聞くと子どもたちをケアする人だとイメージするかもしれません。もちろん子どものケアがメインですが、精神的に不安定だったり心に傷を負っているのは生徒だけではありません。
　特に先生は学校現場で精神的ストレスを抱えていることも多く、文部科学省の統計では病気で離職する先生の約70%が精神疾患が原因です。
　スクールカウンセラーにはこのような先生のメンタルヘルスケアの役割も期待されているのです。

　ただそんなスクールカウンセラーにも課題があります。それが質の担保です。
　実はスクールカウンセラーは特別な資格がなくても働くことが可能です。もちろんまったく経験もない人物が採用されることはないと思われますが、カウンセ

ラー配置の急拡大によって、自治体や学校でカウンセラーの資質や経験に差異が生じているそうです。

　いまも学校ではさまざまな領域で外部人材の活用が進められていますが、スピード感も重視しつつ、その質もこだわっていく必要がありそうです。

「学習評価」で知っておきたい キーワード5選

指導と評価の一体化

　いま学校の授業では「指導と評価の一体化」が求められています。

　「指導と評価の一体化」の話の前に、そもそも評価とは何なのか、またその目的は何なのかについて確認しましょう。

　評価とは、生徒の学習状況を評価するもの。そしてその目的は以下の2つです。

・生徒が学習を振り返り、次の学習へ活かす
・先生の授業や指導方法の改善に活かす

　しかし、これまでの評価には以下のような課題もありました。

・学期末や学年末での評価が多く、振り返りまでのスパンが長い
・先生によって評価方法・評価方針が異なる
・評価の「記録」や指導用力の「作成」に工数の多くが割かれている

　これではもともとの評価の目的を達成することは難しいです。

　この状況を受けて、文部科学省は新学習指導要領の中で「指導と評価の一体化」の重要性を強調するようになりました。分かりづらいですが高校の新学習指導要領でも次の記述がみられます。

> また，各教科・科目等の目標の実現に向けた学習状況を把握する観点から，単元や題材など内容や時間のまとまりを見通しながら評価の場面や方法を工夫して，学習の過程や成果を評価し，指導の改善や学習意欲の向上を図り，資質・能力の育成に生かすようにすること。

　文字でみてもわかりにくいですが、PDCAサイクルのフレームに落とし込むと

イメージがしやすいでしょう。

P（Plan：計画）
・先生同士で評価方法・評価方針のすり合わせ
・観点別評価の明確化

D（Do：授業の実施）
・生徒に評価方法・評価方針の共有
・授業中から生徒が自ら理解度を振り返る発問を用意
　・授業終わりにリフレクションの時間を取る

C（Check：評価）
・事前に決めた方法・方針で子どもたちを評価
・その結果を踏まえて、指導計画自体も評価

A（Action：改善）
・授業や指導計画を改善
・生徒たちも自らの学習に向かう態度や学習方法を改善

　すぐにできることとしてオススメなのは、授業の終わりにリフレクションの時間を取ることです。

　私は授業終了5分前には学習をストップし、生徒たちに授業で新しく学んだことや理解度、疑問点、授業の参加度などについてGoogleフォームで振り返る時間を設けていました。

　リアルタイムで生徒たちの理解度や授業の参加度が数値化・グラフ化することができます。何が分かって何が分からなかったのかが視覚化されるため、次の授業の改善につなげることができ、工数の割に非常に効果的なのです。

　冒頭にも触れたように、学校では本来「手段」であるはずの評価が「目的」化している実態があります。これからは、生徒ファーストになって評価を生徒たちの学習や授業改善のために役立てていきましょう。

観点別評価

　観点別評価とは、生徒たちの学習を観点別に評価することです。

　観点別評価自体は、今で言うカリキュラム・マネジメントの観点から、以前から重視されていました。しかし地域によって取り組みに差があったことから、今回の学習指導要領改訂に合わせてその内容を整理し直し、重要性について改めて強調されるようになっています。

従来の観点

1．関心・意欲・態度

2．思考・判断・表現力

3．技能

4．知識及び技能・理解

現行の観点

1．知識及び技能

2．思考力、判断力、表現力等

3．主体的に学習に取り組む態度

　文部科学省が公開している指導要録（＝生徒情報や学習記録をまとめるもの）の参考様式にも、「評定」「修得単位数」の横に新しく「観点別学習状況」という欄が追加されています。

　では具体的にどのように評価を行うのか。それぞれの観点に分けて例を見てみましょう。

知識及び技能

・学習した知識・技能が必要になる観察や実験、式・グラフを用いた表現活動などを行い、その過程や結果を評価

・ペーパーテストの結果で評価

思考力、判断力、表現力等

・論述やレポートなどの課題で評価

・発表やグループディスカッションの様子やアウトプットから評価

主体的に学習に取り組む態度
・生徒による自己評価
・授業中の生徒の様子から評価

　実際に評価する際には、事前に作成した基準を元に上記の3つの観点をA・B・Cの3段階で評価することになります。

　それぞれの教科・科目、あるいは単元における細かな評価の仕方については、国立教育政策研究所が無料で公開している『「指導と評価の一体化」のための学習評価に関する参考資料』が非常に参考になります。

　小学校・中学校・高校のすべての教科・科目が網羅されていますので、はぜひ一度チェックしてみてください。

大学入試改革

　大学入試改革の歴史は長く、戦後、大学教育を受けるにふさわしい能力・適等を有する者を合理的・客観的に選抜することを目指して「進学適性検査」が導入されたことがそのはじまりです。（当時は知能検査や学力検査に加えて、身体検査なども行われていました。）

　その後「能力開発研究所テスト（能研テスト）」や「共通第1次学力試験（共通一次）」そして「大学入試センター試験（センター試験）」と形を変えながら、2021年からは新しい入試制度として「大学入学共通テスト（共通テスト）」が開始されました。

　その背景とセンター試験からの主な変更点を整理しましょう。

背景

・私たちを取り巻く環境や社会の急速な変化

・「知識・技能」と「思考・判断・表現」をバランスよく育むことを重視

・大学入試が変わることで小・中・高校の教育が変わることへの期待

変更点

○数学Iと数学I・A

・旧：試験時間60分

・新：試験時間70分

○英語

・旧：筆記200点・リスニング50点

・新：リーディング100点・リスニング100点

○全教科・科目共通

・答えが複数存在する問題の出題

・答えまでのプロセスも問題に（例：従来までの数学のようなイメージ）

・扱われる題材が日常会話や討論、新聞記事などに

　共通テスト以外にも、従来のAO入試が「総合型選抜」に、指定校推薦が「学

校推薦型選抜」に変わっていますが、全体の変更点はこんなところでしょう。

　ここまで紹介してきた事柄は、壮大な入試改革の第一歩に過ぎません。たとえば共通テストでは、新学習指導要領の実施に合わせて2024年から次のような変更を行うことが検討されています。

```
2024年共通テストの方針
○国語
・問題量（大問）を増やす
・試験時間を90分へ
○英語
・「読むこと」「聞くこと」を中心としつつ、英語力を総合的に評価
○数学
・数学Ⅱの試験時間を70分に
○情報
・情報Iを新設・試験時間は60分
```

　国立大学協会の発表では、同年の入試からすべての国立大学で「情報」の受験が必須化、総合型選抜・学校推薦型選抜のさらなる拡大、英語外部試験やCBTの活用にも触れられています。

　ご存知のとおり大学入試に関してはここ数年、直前で方針が変わるという事態が起きています。この先どうなるか不透明な部分も大きいので、引き続き動向はウォッチしていく必要があります。

CBT

　CBT（シー・ビー・ティー）とはComputer Based Testの略で、パソコンを使ったテストを意味します。従来型の紙を使ったPBT（ピー・ビー・ティー／Paper Based Test）に変わるテスト方式として近年、注目を集めています。

　たとえば就職試験でよく行われるSPIをイメージすると分かりやすいでしょう。（SPIには筆記タイプもありますが、PCを使って行うもののイメージです。）

　いま教育業界ではこのCBTの活用が進められています。たとえばOECDが行う国際的な学力調査PISAでは2015年からCBTに切り替わり、文部科学省が行う全国学力・学習状況調査も2025年からICT機器を使うことが検討されています。

　CBTのメリットは何でしょうか。これは、逆にPBTのデメリットから考えると分かりやすいです。下記は共通テストを運営する大学入試センターが公開している、大学入試におけるCBT活用の可能性についての報告書からの抜粋です。

出題・解答形式に制約がある
・PBTでは紙上で表現できる問題形式しか出題できない
・回答に至るまでの思考を評価しづらい
問題冊子・解答用紙等の印刷，輸送・保管，配付・回収が必要
・大学入試センターの試験実施にかかる費用は98億円
・上記の4割にあたる41億円が印刷・輸送のためのもの
試験問題は1バージョンのみで同一時刻一斉実施が必須
・試験が一発勝負になってしまう
・トラブルがあったときに不公平が生じる

　CBTではこれらすべての課題を解決することが可能です。具体的には、動画や音声を活用したテストの作成、問題ランダム出題、デバイスの操作ログからの思考過程評価などが考えられます。

　しかしCBT実施のためには、デバイスの確保や保守、安定したネットワーク回線の確保、不正防止、トラブル対応の確立などクリアしないといけない問題もたくさん残っています。

　メリットを追うだけでなく、こういった問題を慎重にクリアしていく必要がありそうです。

CEFR

　現在、大学入試における外部試験の活用が進んでいますが、その動きが最も活発なのが英語です。既存の共通テストや大学の個別学力試験では、英語の「書くこと」「話すこと」の評価が難しいという課題がありました。

　英語の外部試験の活用方法は大学によって異なりますが、次の6パターンに大きく分けることができます。

---

①出願資格……基準スコアを満たすもののみが出願可能
②加点……共通テストの英語や個別試験に加点
③書類審査……出願時に申請することで、合否判定時に考慮
④英語を満点化……大学の定める基準以上であれば、英語を満点対応
⑤代替……個別の英語試験を廃止し、スコアをそのまま得点化
⑥高得点採用……共通テストの成績を比較して、高得点の方を利用

　たとえば金沢大学の融合学域（2022年入試）では、英検CSE、TEAP、TEAP CBT、IELTSのスコアが共通テストに換算されます。（換算の基準や換算後のスコアは非公開です。）

　ただこのとき、どの試験を受けるべきなのか？　試験によって難易度が異なるのではないか？　などの疑問を感じると思います。

　そこで使われるのがCEFR（セファール）です。CEFRとはCommon European Framework of Reference for Languagesの略で、外国語のスキルを同一の基準で測ることが出来る国際基準をいいます。

　文部科学省ではこのCEFRを用いて、英語の外部検定の関係性を以下のようにまとめており、各大学はこれらを参考に受験生を評価しています。英語の外部試験を受ける際の参考になれば幸いです。

「学校」にまつわるキーワード3選

ブラック校則

　最近、ブラック校則と呼ばれる校則が問題視されるようになりました。ブラック校則とは、「ブラック校則をなくそう！」プロジェクトで以下のように定義されています。

> 一般社会から見れば明らかにおかしい校則や生徒心得、学校独自ルールなどの総称

　ブラック校則の事例をみると、大きく2つ（頭髪と服装）に分けられることがわかります。

ブラック校則の例
頭髪に関するもの
・髪を染めた部分を切る
・整髪料を付けたら髪を洗わせる
・ポニーテール禁止
・髪が濡れても拭くのは禁止　など

服装に関するもの
・校則違反の下着を学校で脱がせる
・コートやマフラーなど防寒具の着用が禁止
・靴は白とする
・（上の校則に加え）中敷も白とする　など

　他にも特定の部活動だけ恋愛が禁止だったり、スマートフォンの所持自体が禁止だったり、おかしな校則はたくさんあります。
　こういった実態を受けて文部科学省は、生徒指導に関するガイドライン「生徒

指導提要」を約10年ぶりに改訂しました。

　これまで同様「校則は教育活動の一環であり、生徒たちのより良い成長が目的である」というスタンスはそのままに、新たに以下のような文言が付け加えられています。

- ・生徒たちに対して①差別の禁止、②最善の利益を考慮、③生命・生存・発達に対する権利の保障、④意見を表明する権利の保障
- ・校則の具体的な内容をホームページなどに公開する
- ・生徒たちを巻き込みながら、時代や社会の変化に合わない校則は絶えず見直しを行う
- ・少数派の生徒たちの意見も聞き入れる

　ただこれらはあくまでガイドラインであって、実際に校則の見直しを行うかどうかは学校、もっと言えば校長に委ねられています。

　校則は、各学校が教育基本法等に沿って教育目的を実現していく過程において、児童生徒の発達段階や学校、地域の状況、時代の変化等を踏まえて、最終的には学校長により制定されるものです。

　校則の在り方は、特に法令上は規定されていないものの、これまでの判例では、社会通念上合理的と認められる範囲において、教育目的の実現という観点から学校長が定めるものとされています。

　校長自らが積極的に校則を変更することは考えづらいので、現状の校則に疑問を持っている先生や生徒たちが、こういったガイドラインを盾にボトムアップで見直しを訴え続けることが重要かもしれません。

いじめ

　2013年に「いじめ防止対策推進法」が制定されてから、学校におけるいじめが認知されるようになり、その認知件数は急速に増加しています。

　また、子どもの自殺も増加傾向にあり、2020年には調査開始以来最多になりました。原因はさまざまですが、いじめをはじめとした人間関係に起因するものも少なくありません。このような状況のなか、先述の「生徒指導提要」では、いじめに関する項目の充実も図られました。

　従来の「生徒指導提要」では「いじめの定義と問題性」や「インターネットにより表面化しづらくなっていること」「いじめの心理や構造」など、まずはいじめを理解し、発見、問題解決することの重要性が中心に説かれるものでした。しかし新しい生徒指導提要ではそこからさらに一歩踏み込み、以下のような取り組みを各学校で行うことを求めるように示しているのです。

---

1. 各学校の「いじめ防止基本方針」の具体的展開に向けた見直しと共有
　方針が学校の実情に合っているか、また正常に機能しているかについてPDCAサイクルを回す。
2. 学校内外の連携を基盤に実効的に機能する学校いじめ対策組織の構築
　学校の教職員だけでなく、スクールカウンセラーや弁護士、医師、警察官経験者などの外部専門家と協力する。
3. 事案発生後の課題解決的生徒指導から、すべての児童生徒を対象とする発達支持的・課題予防的生徒指導へのシフト
　教職員が「いじめている側を絶対に許さない」「ダイバーシティを尊重する」というスタンスを表明し、生徒にも道徳や特別活動、その他の教育活動などを通してそういった感性を養わせる。
4. いじめを生まない環境づくりと児童生徒がいじめをしない態度や能力を身につけるような働きかけを行うこと
　アンケートを実施したり、生徒・保護者から訴えを受けやすい環境を作る。

　繰り返しになりますが、いじめが原因で生徒が自ら命を絶ってしまうということも起きています。学校にはこれまでのような場当たり的な対応ではなく、いじめを発生させない未然防止のための取り組みを急ぐ必要があります。

不登校・通信制高校

　実はいま、小中学校における不登校児童・生徒の数も増加傾向にあるのです。

　不登校の児童生徒数は8年連続で増加しており、20万人を目前としている状況です。（ちなみに高校になるとその人数はガクッと下がりますが、これは中学時代に不登校だった生徒がそもそも高校に進学しなかったり、高校生の場合中退や転学という選択肢があるからだと考えられます。）

　また、不登校の数が増えるのに比例して、通信制高校の学校数や生徒数も増加しています。

　特にその傾向は私立で顕著で、この20年で私立の通信制高校の数は4倍、そこに通う生徒数は2倍に増えています。不登校や通信制高校にはさまざまな意見があると思いますが、個人的には肯定的な意見を持っています。

　いま世の中は急速に変化しており、生徒たちが置かれている環境や持っている価値観、興味・関心の対象、得意・不得意もバラバラです。そのような生徒たちを一つの教室に集め、同じ教育を提供することの方が非効率で無理があると思うからです。

　私は前職で約2年間通信制高校に勤めていました。そこに通う生徒たちはほとんどが小学校・中学校（ときに高校）で不登校を経験してしている子たちですが、私たちの学校では「本当に不登校だったの？」と疑うほどイキイキしている子たちが多かったです。

　理由はいくつか考えられますが、進級や卒業のために必要な勉強は最小限に抑えて、自分が本当に学びたいこと・没頭したいことのために時間を使えることが大きいと思います。

　私のクラスには本来1年かけてやる学習を新年度の4月に終え、残りの11か月をプログラミングなど自分のやりたいことのために使っている子もいました。

　また、私たちの学校は規模もかなり大きかったので、普通の学校ではマイノリティになって（ときにはいじめの被害に遭って）しまう子たちも、同じような課題や悩み、ハンデを抱えている子たちが周りにたくさんいるのです。そのような環境だからこそ、子どもたちも安心して学校生活を送ることができたのかも知れません。また、先生たちもダイバーシティに対して非常に寛容だったことも要因としてありそうです。

　少し前までは不登校や通信制高校に通うことはある種「ドロップアウト」のよ

うに捉えられていました。しかし今では高校生の15人に1人が通信制高校に通っており、それが普通の選択肢になりつつあると言えます。

　学校の先生や、不登校の児童生徒の保護者、そして何より不登校当事者の子どもたちはどうか「学校に通わなければならない」「学校に通うことが普通・正しい」とは必ずしも言えない、という視点をもってほしいと思います。

第3章

明日の授業をより深く、面白くするツール32選

明日の授業をより深く、面白くするツール32選

　ここまで新学習指導要領の要約や最新の教育トレンドの解説を通して、いま日本でどのような教育が求められているかをまとめてきました。

　しかし、それらを理解することと実際に行うことはまったくの別問題です。

　本章では、新しい教育をどのように実際の授業に落とし込んでいけばよいか、そのヒントになるWEBサイトやITツールを多数ご紹介します。

　選定の際に意識したのは、特定の教科や科目、ジャンルだけでなく汎用的に使えるかどうか。特に新学習指導要領ではどの教科・科目でも探究的な学びが重要視されていることから、探究型の学習の設計・実施で役に立つものを中心に選びました。

　もちろん探究学習以外でも参考になるWEBサイトや使えるITツールもたくさんありますので、ぜひいろいろなシチュエーションで活用してください。

Web

STEAMライブラリー

https://www.steam-library.go.jp/

一言で言うと...

STEAM（スティーム）ライブラリーは、経済産業省「未来の教室」が運営するSTEAM教育の教材や指導案が格納さたプラットフォームです。「一人ひとりのワクワクを探究するためのオンライン図書館」をコンセプトに、「シゴト」「趣味・好き」「社会課題」など豊富なコンテンツが揃っています。

特徴

①授業に必要な教材が揃っている

指導案や授業スライド、ワークシート、参考動画などの教材が揃っているため、すぐにでも授業を始めることができます。

②STEAM教育をベースとしたコンテンツ

コンテンツはすべてSTEAM教育がベースになっており、特定の教科に留まらない、教科横断的な授業を実施することができます。

③産官学の連携

産官学が連携したコンテンツが掲載されているため、AIやエネルギー、モビリティ、防災、SDGsなど、社会に接続したテーマを学習指導要領に紐づけて学習することができます。

活用イメージ

STEAMライブラリーにはすぐに授業で使えるコンテンツが用意されています。1コマで完結するものもあれば、数か月に渡って行われるものもあり、授業の補助教材としも、そのままメインのプログラムとしても活用することができます。

```
  Web
```
みんなの探究ライブラリ

https://manabi.benesse.ne.jp/lab/tankyulab/library/index.html

一言で言うと...

「みんなの探究ライブラリ」はベネッセコーポレーションが運営する、探究学習に関するWEBサイトです。同社が企画・運営を行う全国探究コンテストにエントリーした中高校生の探究活動の成果を公開しています。

特徴

①豊富なレポート数

1,800以上のレポートが掲載されています。キーワード検索では、テーマだけでなく、情報収集の仕方（例：アンケート/実験など）や発表形式（例：ポスター/レポートなど）からも探すことができます。

②充実した詳細情報

すべてのレポートでタイトル、設定課題、情報収集の方法、課題に対する答えが一覧になっています。また一次選考を通過した作品は課題を設定した理由やアピールポイントが、グランプリの作品には実際に発表で使われたプレゼンテーションスライドとプレゼン動画が掲載されています。

③探究学習で役に立つリンク集

探究学習で役に立つリンク集が、「課題設定」「情報収集」「整理・分析」「まとめ・表現」の各項目ごとにまとめられています。

活用イメージ

みんなの探究ライブラリの特徴はなんと言ってもそのレポート数の多さ。探究学習ではテーマ設定が生徒たちにとって最初の大きなハードルですが、何も思いつかないときはこういったサイトで他の学校の生徒たちの事例を参考にするのも、一つの手です。

NHK for School
https://www.nhk.or.jp/school/

一言で言うと...

NHK for SchoolはNHKの学校向けコンテンツをまとめたサイト。2,000本以上の番組を視聴することができます。

主な特徴

①豊富なコンテンツとそのクオリティ

上にもあるように、NHK for Schoolの動画コンテンツは2,000本以上。対象は保育園・幼稚園、小・中学校、高校の16教科以上に対応しており、1つひとつのクオリティも非常に高く、人気のタレントさんやお笑い芸人さんを起用した動画も多数あります。

②授業実施の参考になる実践データベース

サイト上には全国の先生によるNHK for Schoolを活用した授業の実践データベースが多数蓄積されています。データベースでは活動の概要や実践のポイント、授業の流れなどがまとめられており、授業実施の際の参考になります。

③高度な検索機能

NHK for Schoolのコンテンツは教科や学年、キーワードで検索できるだけでなく、学習指導要領や使用している教科書からも目的の動画を探すことが可能です。徹底的に学校で使われる設計になっています。

活用イメージ

NHK for Schoolはさまざまな活用方法が考えられます。たとえば授業冒頭では導入として、授業の終わりではまとめとして効果的に動画を使うことができますし、WEBサイトは生徒たちもアクセス可能なため授業の復習や、反転学習のための予習コンテンツとしての活用もできるでしょう。

中学校・高校のWEBサイト　🔍

　先進的な取り組みが行われている学校では、その活動内容を学校のHPやオウンドメディア上で発信しているケースが多いです。参考になる学校はたくさんありますが、ここでは私が特にチェックしているものを4つだけ紹介します。

Web

High Tech High
https://www.hightechhigh.org/

　High Tech Highはアメリカのチャータースクールと呼ばれる公立学校群です。小学校から中学校、高校など2022年現在で14の系列校があり、先進的なプロジェクト型学習を行っていることで有名です。

　High Tech Highの学校HPでは生徒たちが行ったプロジェクトの詳細がテキスト（英語）と写真でまとめられており、探究学習のテーマを考える際の参考になります。

Web

追手門学院中・高等学校
https://www.otemon-jh.ed.jp/o-drive/

　追手門学院中・高等学校では探究科で行っている実践を「O-DRIVE（オー・ドライブ）」というオウンドメディア上で発信しています。詳細が動画や画像、テキストでまとめられているプロジェクトの詳細や、先生のコラム、生徒へのインタビュー記事は授業設計にとても役立ちます。

都立南多摩中等教育学校

http://www.minamitamachuto-e.metro.tokyo.jp/
site/zen/page_0000000_00143.html

　東京都立南多摩中等教育学校は、東京都の「知的探究イノベーター推進校」として指定されていた学校です。すでに指定期間は終了していますが現在も先進的な取り組みを多数行っており、学校HP上で公開されている探究学習で役に立つガイドブックやリンク集は、授業でそのまま活用できるものばかりです。

N高等学校・S高等学校

https://note.com/project_n

　広域通信制高校のN高等学校・S高等学校では「プロジェクトN」と呼ばれる探究学習が行われており、その様子や成果をnote上で見ることができます。

　プロジェクトNでは企業や他校とコラボした先進的な取り組みが多数実施されているので、外部の方々と連携した授業設計の参考になります。

参考になるのは中学校や高校のWEBサイトだけではありません。大学でも探究的な教育実践は多数行われており、また多くの大学が各サイトで情報発信を行っています。こちらでも私が特にチェックしている4つの大学のWEBサイトを紹介します。

Web

多摩美術大学

https://www.tamabi.ac.jp/dept/pbl/

　多摩美術大学では所属学科や学年の枠を超えて、横断的研究や社会的課題に取り組むプロジェクト型授業が行われています。大学HPの「学部・大学院案内」では過去数年分の開校科目一覧やそのシラバス、動画などを閲覧することができます。

Web

和歌山大学

https://www.wakayama-u.ac.jp/
career/careeredu/pbl.html

　和歌山大学ではキャリア教育科目や協働教育センターの自主プロジェクトでPBL学習を展開しています。サイトではそもそもPBLとは何か？ というところから、授業の設計の仕方、これまでの具体的な事例などを掲載しています。

Web

三重大学

https://www.hedp.mie-u.ac.jp/
item/Mie-U_PBLmanual2007.pdf

　三重大学ではPBL実践マニュアル制作検討会を発足し、PBL型の授業を行う際のマニュアルを作成しています。理論よりも具体的な事例を豊富に取り扱っており、その名の通り実践的なマニュアルになっています。

Web

桜美林大学

https://discova.jp/

　桜美林大学は「ディスカバ!」と呼ばれる高校生のためのキャリア支援プロジェクトを運営しています。学校では学ぶことができない、これから社会へ羽ばたいていくために必要な体験や出会い、新しい自分を見つける学びの場を提供することを目的としており、サイト上ではプログラムの内容やイベントレポート、参加生徒のインタビューなどを見ることができます。

Web
マンダラート発想法
https://web-creates.com/manda/

一言で言うと...

　マンダラートとは、3×3の9つのマスを用意し、それを埋めていくことによってアイディアを発散させたり、思考を深めたりする発想法のことです。WEBサービス「マンダラート発想法」は、このマンダラートをブラウザ上で行うことができるサービスです。

特徴

①シンプルな設計

　テーマを設定すると自動で9つのマスが出現します。辺にある8つのマスに事柄を入力すると、その周りにさらに9つのマスが自動で出てきます。基本的な機能はこれだけですが、マンダラートを行うときに非常に便利です。

②ブラウザで動く

　マンダラート発想法はブラウザで動くため、ネット環境があればPCやタブレット、スマホなど、どこからでも操作することができます。

③印刷・保存

　完成したマンダラートは印刷やPDFデータとして保存が可能です。出てきたアイディアを後から振り返ることもできます。

活用イメージ

　マンダラート発想法は個人でアイディア出しをする際に役に立ちます。発想力がないと思っている生徒たちも、このようなフレームを使えば簡単にアイディアを生み出せることができるようになるでしょう。

Web

hidane

https://hidane.app/

一言で言うと...

hidane（ヒダネ）はAIを活用したオンラインのブレインストーミングツールです。チャットを投稿するような感覚で手軽にアイディア出しを行うことができます。

特徴

①共同編集

参加コードやルームのリンクを共有するだけで簡単にメンバーを招待でき、複数人でブレインストーミングを行うことができます。

②進行ガイド

hidaneは「アイデア出し」「グルーピング」「リアクション」「ディスカッション」「クロージング」の5つのステップに沿ってブレインストーミングを行います。各ステップで音声ガイドが「あと○分」と指示を出してくれるので、参加者はアイディア出しに集中することができます。

③AIアシスト

ブレインストーミング中、AIのボットがアイディア出しをアシストします。「○○と○○の組み合わせはいかがですか？」「○○と言えば○○もありますね」など、さまざまな仕掛けがあります。

活用イメージ

特にグループでブレインストーミングをする際に役立ちます。進行ガイドやAIアシスト機能も備わっているため、グループワークやアイディア出しに慣れていない生徒たちに向いています。

探究学習の「情報収集」で役に立つITツール

Web

Googleフォーム

https://www.google.com/forms/

一言で言うと...

Googleフォームは、Googleが提供する無料のアンケート作成ツールです。作成したアンケートはリンクを共有するだけで回答ができるようになります。

特徴

①豊富な質問スタイル

テキストやプルダウン、チェックボックスなど、Googleフォームの質問スタイルは11種類から選択可能です。回答を必須にしたり、回答スタイル（例：メールアドレスや数字など）を指定することもできます。

②テスト機能

テスト機能をオンにすると各質問に配点や模範解答、解説を設定することができるようになります。問題をシャッフルしたり、結果を即時で表示させたりすることができ、アンケートだけでなく小テストや確認テストなどにも応用できます。

③データ分析

回答はリアルタイムで更新され、結果は分かりやすいグラフで可視化されます。後述するGoogleスプレッドシートとの連携も簡単に行えるので、データを詳細に分析することも可能です。

活用イメージ

Googleフォームでアンケートを作成し、共有すれば、瞬時に多くの人たちから情報を得ることができます。その他にもGoogleフォームは普段の授業から理解度を確認するための小テストや振り返りフォームとして使うこともできます。

Gmail

https://www.google.com/gmail/

一言で言うと...

　Gmail（ジーメール）はGoogleが提供するメールサービスです。メールアドレスの作成やメールの送受信を無料で行うことができます。

特徴

①安心安全なセキュリティ

　迷惑メールや危険なリンクを含むメールを自動でブロックしてくれます。不審なメールか判断が難しいものは通知され、ユーザー側で管理が可能です。

②アシスト機能

　さまざまなアシスト機能が存在します。たとえばメールを送る際、本文に「添付した資料を」と書かれているのにファイルが添付されていないと、送信前に添付を促すポップアップが表示されます。また、返信の必要があるメールに数日間返信をしていないと「○日前に受信しました」というメッセージが表示されます。

③カスタムメールアドレス

　教育機関用のGoogle系ツールのパッケージ「Google Workspace for Education Fundamentals」に加入すると、「----@---.ed.jp」のような学校オリジナルのメールアドレスを簡単に作成することができます。

活用イメージ

　気になる企業や大学、研究機関などのメルマガにメールアドレスを登録すれば、日頃から情報収集を行うことができたり、大学の先生や企業の方などにインタビューを依頼する際、Gmailを使って専門家の方々にコンタクトを取ることができます。

RESAS

https://resas.go.jp/

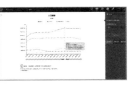

一言で言うと...

　RESAS（リーサス）は経済産業省と内閣官房が提供する地域経済分析システムです。地方創生の取り組みを情報面から支援するために、産業構造や人口動態、人の流れなどの官民ビッグデータを集約し分かりやすくデータにまとめています。

特徴

①信頼性の高い情報

　運営は経済産業省と内閣官房が行っているので、人口や産業、観光などに関する信頼性の高い統計資料が揃っています。

②データの見える化

　データは数字の羅列ではなく、グラフやモデル図で分かりやすく表示されるので、特徴やポイントを直感的に把握することができます。

③出口の用意

　毎年、RESASを活用した地域を元気にするような政策アイデアを募集するコンテストを開催しています。授業のゴールをこちらのコンテストに設定することもでき、生徒たちのモチベーションアップを図れます。

活用イメージ

　RESAS上のデータを活用することで質の高い探究学習を行うことができ、また上でも紹介したコンテストをプロジェクトのゴールに設定することもできます。

Google scholar

https://scholar.google.co.jp/

一言で言うと...

Google scholarはGoogleが運営する、学術的な文献の検索エンジンです。論文だけでなく、学術誌や雑誌などの書籍なども検索することができます。

特徴

①検索オプション

Google検索のようにAND/OR/NOT検索や著者/出典/日付の指定ができるため、ピンポイントで探したい文献の検索に便利です。

②保存・引用機能

検索結果の下にある「保存」ボタンから、簡単に文献をマイライブラリに追加することができます。さらに「引用」ボタンを押せば、著者名や文献のタイトル、出版年などが出力されるため、引用も容易です。

③アラート機能

Googleスカラーでは関心のある「キーワード」とメールアドレスを登録しておくことができます。キーワードの関連文献が新しく掲載された時に、登録したメールアドレスに通知が届くようになっているのです。こうすることで最新の文献にアクセスが可能になります。

活用イメージ

Google scholarはレポートや論文執筆の際、先行研究を調べるのに役立つことはもちろん、アラート機能を使えば普段から興味・関心のある事項についての最新情報を簡単にキャッチアップができるようになります。

Ｗｅｂ

Googleドキュメント

https://docs.google.com/document/

一言で言うと...

　Googleドキュメントは、Googleが提供する無料の文書作成ツールです。スマートフォンやタブレット、PCなどデバイスに関係なく編集ができ、オフラインでも作業が可能です。

特徴

①多様な編集ツール

　ただ文書を作成するだけでなく、文字の大きさやフォント、太さ、間隔などを自由に設定でき、図形や画像、リンクなどを貼り付けるなど、さまざまな編集ツールが備わっています。

②共有機能

　特定の人、あるいは全世界にドキュメントを公開することができます。編集権限を付与されると複数人で同時に1つのドキュメントを編集可能になり、変更はリアルタイムで即時に反映されます。

③音声入力機能

　音声入力機能をオンにすると、デバイスに向けて発した言葉が自動で入力されるようになります。言語は英語や日本語を含む100か国語以上の言葉・方言に対応しています。

活用イメージ

　議事録やブレインストーミングのメモ、アンケート用紙、ポスターなど、ほとんどのテキストをGoogleドキュメントで作成することが可能です。音声入力機能を英語の発音チェックに使うという応用的な使い方もあります。

Googleスプレッドシート

https://docs.google.com/spreadsheets/

一言で言うと...

　Googleスプレッドシートは、Googleが提供する無料の表計算ツールです。簡単な計算からグラフの作成、高度なデータ分析まですべてを一つの画面上で行うことができます。

主な特徴

①関数

　関数は、シート上の文字・数字を処理する数式のことです。たとえば「SUM（サム）関数」を使うと、入力されている数字の合計を計算することができたり、「COUNTIF（カウントイフ）関数」を使うと、指定の範囲の中にある特定の単語や数字の数をカウントすることができます。

②グラフ機能

　グラフ機能を使うとシート上のデータを分かりやすくまとめることができます。グラフの種類は折れ線グラフや円グラフ、棒グラフなど基本的なものがすべて揃っています。

③豊富なテンプレート

　TODOリストやカレンダー、ガントチャートなど豊富なテンプレートがデフォルトで備わっており、自分で一からデザインや構成などを考える必要がありません。

活用イメージ

　データの集計・分析・グラフ化の役に立つことはもちろん、ワークシートとして使ったり、先述のようなTODOリストやプロジェクトのガントチャートとして活用することもできます。

Web

miro

https://miro.com/ja/

一言で言うと...

miro（ミロ）はオンラインのホワイトボードツールです。対面はもちろん、オンライン会議などにおけるチームの共同作業を活性化させます。

特徴

①豊富なテンプレート

miroにはブレインストーミングやマインドマッピング、カスタマージャーニーマップなどに使える豊富なテンプレートが揃っています。すぐに作業を開始することができ、1からフレームを作成する必要がありません。

②手書き対応

miroは手書きにも対応しているので、タブレットやスタイラスペンを使うことによって、より本物のホワイトボードに近い使い方をすることも可能です。

③アプリ連携

miroは外部アプリと連携することもでき、たとえばSlackなどのチャットツールと紐づければmiroに更新があったときに自動で通知が送られてきたり、YouTubeをmiroのボード上に埋め込んだりすることも可能です。

活用イメージ

miroは集めた情報やデータを整理するのに役立ちます。アンケートやヒアリングの結果をmiro上でまとめたり、プレゼンテーションスライドの構成を考えたりすることができます。

Web

Googleスライド

https://www.google.com/slides/

一言で言うと…

Googleスライドは、Googleが提供する無料のプレゼンテーションツールです。テキストや画像、動画、アニメーションを用いた魅力的なプレゼンテーションを簡単に作ることができます。

特徴

①Google系サービスとの連携

スプレッドシートで作成したグラフをスライドに貼り付けておくと、データに修正をした場合でも、スライド上のグラフも自動で変更が反映されます。また、流したいYouTubeのURLを貼り付けるだけで、スライド上に動画が埋め込むこともできます。

②豊富なテンプレート

デフォルトで数多くのお洒落なテンプレートが用意されているので、スライドの構成やメッセージングなどの本質的な部分のブラッシュアップに集中することができます。

③他サービスとの互換性

Microsoft PowerPointやKeynoteなど、他社製ツールとの互換性が高く、ファイルをGoogleドライブ上にアップロードするだけで簡単にオンラインでスライドを編集することができるようになります。

活用イメージ

学習のまとめや成果発表の際に、簡単にプレゼンテーションを作成できます。また、スライドサイズを変更することでポスターやバナーなどのクリエイティブを作成することもできます。共同編集機能もあるため、miroのようにグループでのアイディア出しにも活用できるでしょう。

Web

Canva
https://www.canva.com/

一言で言うと...

　Canva（キャンバ）はオンラインで使える無料のグラフィックデザインツールです。プレゼンテーションのスライドやYouTubeのバナー、チラシ、名刺など、ありとあらゆるクリエイティブを作成することができます。

特徴

①豊富なテンプレート

　用途に合わせたテンプレートが7万点以上用意されています。テンプレートを活用すれば、写真やテキストを差し替えるだけで、クオリティの高い名刺やチラシ、企画書、プレゼンテーションスライドなどを簡単に作ることが可能です。

②豊富なフリー素材

　フリーですぐに使える写真やイラスト、動画、図形が多数備わっています。これらを駆使することで誰でも簡単に自分オリジナルのデザインを生み出すことができます。

③教育機関向けプラン

　Canva for Educationに登録をすると、本来は有料のCanva Proを無料で使うことができ、数百万点のプレミアム画像やフォント、アニメーションなどが利用できるようになります。

活用イメージ

　学習のまとめ・発表はプレゼンテーションだけでなく、ポスターや動画、パンフレットなどさまざまな形でアウトプットが考えられますが、Canvaを使えばそれらすべてを簡単に作ることができるようになります。

note

https://note.com/

一言で言うと...

note（ノート）は文章や画像、音声、動画などを誰でも簡単に投稿することができるメディアプラットフォームです。2022年現在、会員数は500万人を超え、企業とコラボしたコンテストなども多数実施されています。

特徴

①安心安全な場づくり

note上にはランキング制度や広告枠がありません。PV数を稼ぐことを目的とした過激な記事や誇大広告が出てこないような仕組みになっているため、安心安全な場が保証されています。

②シンプルな操作性

UX/UIは非常にシンプルで、機能も必要最小限に制限されています。そのため文章を書いたり画像を載せるハードルが低く、誰でも簡単に創作活動を始めることができます。

③教育支援プログラム

noteは教育機関向けに3つの取り組みをしています。1つはnoteを活用した出前授業。1つはホームページなどに応用が可能なnote proの無償提供。そして教育委員会や教育に関心のある事業者との連携です。

活用イメージ

生徒が学習の過程や成果を記事化して投稿すれば、noteをポートフォリオのように活用することができます。また、教育機関向けに無償提供されているnote proを使えば、学校の情報発信も簡単に行うことができるようになります。

Web

STUDIO
https://studio.design/

一言で言うと…

STUDIO（スタジオ）はノーコードのWEBサイト作成ツールです。プログラミングの知識が不要で、ブロックを配置する感覚でWEBページを作ることができます。

特徴

①自由度の高い編集ツール

クリック一つでテキストや画像を配置したり、アニメーションを追加することが可能です。配置や動きは数ミリ・数秒単位で調節でき、GoogleマップやYouTube、Spotifyなどとの連携にも対応しています。

②レスポンシブデザイン

PCやタブレット、スマホなど、デバイスや画面の大きさに合わせて、サイトの構成やデザインを細かく修正することができます。

③CMS

たとえばサイト上で複数の同じようなコンテンツを作る場合、最初からページを構築する必要はありません。CMSというコンテンツ管理システムが備わっており、ページのテンプレートを作成してしまえば、テキストや画像のデータをデータベースに保存するだけでWEBページが自動的に生成されるようになっています。

活用イメージ

学習成果をまとめる際、既存のプラットフォームやポートフォリオサービスを使うだけでなく、WEBサイトを一から作成してみても面白いかもしれません。STUDIOは無料で簡単にWEBサイトの構築ができるので、自分好みのデザインに仕上げることができます。

Tinkercad

https://www.tinkercad.com/

一言で言うと...

Tinkercad（ティンカーキャド）は次世代のデザイナーやエンジニアがイノベーションの基礎スキルを身につけるための無償のWEBアプリです。3Dデザインや電子機器、コーディングを学ぶことができます。

特徴

①3Dデザイン

ブラウザ上で3Dのブロックを結合・型取りすることで、乗り物や電子機器、キャラクターなど、頭に思い描いたどんなものでもデザインすることができます。

②電子機器のシミュレーション

ライトや温度計など身の回りにある電子機器をブラウザ上で作成することで、配線やボタンの配置などについて学ぶことができます。

③コーディング

3Dデザインはブロックを直接編集するだけでなく、コーディングで持ってして形を形成していくことも可能。コーディングと言っても実際に行うのはブロックを並べ替えることなので、プログラミングに関する専門知識は不要です。

活用イメージ

Tinkercadを使えば学習のアウトプットの幅が一気に広がります。たとえば現実世界では難しい、まちづくりや商品開発もTinkercad上であればできないことはありません。

フリー素材サイト 🔍

学習のまとめ・発表の際には画像や写真、動画を使うことも多いですが、インターネット上にあるものを使う際には著作権に注意も必要です。ここではさまざまな場面で使えるフリー素材をまとめているWEBサイトを紹介します。

Web
flaticon
https://www.flaticon.com/

flaticon（フラットアイコン）はその名の通り、フラットデザインのアイコンをダウンロードできるWEBサイト。7,000を超えるアイコンが掲載されており、うち1,000近くは動きのあるアイコンで、WEBサイトの装飾に適しています。

Web
storyset
https://storyset.com/

storyset（ストーリーセット）はHPやプレゼンテーションスライドなどに使うことができるイラストをダウンロードできるWEBサイトです。イラストはアイテムごとに追加・削除することができ、メインカラーも自由に変更することができます。

Web
Pixabay
https://pixabay.com/

Pixabay（ピクサベイ）は2,500万点以上のフリー素材をダウンロードすることができるサイト。写真や画像、動画だけでなく、動画編集に使うことができる音楽や効果音なども豊富に揃っています。

探究学習をより魅力的にするために役に立つITツール 🔍

Web

YouTube

https://www.youtube.com/

一言で言うと...

YouTubeはGoogleの子会社であるYouTubeが運営する動画プラットフォームです。たくさんの動画を無料で視聴することができます。

特徴

①豊富なコンテンツ

2020年時点でユーザー数は20億人を超え、毎分500時間にものぼる動画がアップロードされています。近年では教育系YouTuberらによる、教育コンテンツも多数配信されています。

https://youtube-jp.googleblog.com/2020/02/youtube-15.html

②動画のアップロード

YouTube Studioというプラットフォームを用いて自身で動画をアップロードすることも可能です。

③ライブ配信

YouTube Studioでは簡単にライブ配信を行うことも可能です。ライブ中、視聴者は自由にコメントを投稿することができ、配信者とインタラクティブなやりとりを行うことができます。

活用イメージ

探究学習の情報収集のために動画を試聴したり、まとめ・発表の際にその様子を録画した動画を配信することを通して、視聴者からリアクションを得ることに活用できます。もちろん、動画などの情報発信時はプライバシーの保護が前提となります。

Web

Kahoot!

https://kahoot.it/

一言で言うと...

Kahoot!（カフート）はノルウェーの大学から生まれた、オンラインのクイズ作成ツールです。誰でも簡単に無料でテレビ番組で使われるようなクイズを作成するすることができます。

主な特徴

①豊富なクイズ形式

4択問題や○×問題、並び替え問題など、さまざまなテンプレートが用意されており、投票やブレインストーミングなどクイズ以外の用途にも使うことができます。

②ランキング

参加者は正答率や回答のスピードによってポイントを得ることができ、獲得点数によってランク付けされます。ランキングは問題ごとに更新されるため、参加者のモチベーションが高まるようになっています。

③インポート機能

問題文や選択肢、回答は直接ブラウザ上で打ち込むこともできますが、あらかじめGoogleスプレッドシートに打ち込んでおけば、データをインポートすることで瞬時にクイズを作ることができます。

活用イメージ

これまでGoogleフォームや紙の小テストなどで行っていた学習理解度の確認などを、Kahoot!を使うことでより楽しくできるようになります。またKahoot!は生徒たちも簡単に使えるので、学習したことのまとめ・発表をクイズ形式に落とし込んでみても面白いでしょう。

Slido

https://www.slido.com/

一言で言うと...

Slido（スライドゥ）はシスコ社が提供するQ&A・ライブ投票プラットフォームです。質問やテーマを設定し、URLもしくは5桁のコードを共有すると、簡単にQ&Aセッションや投票を行うことができます。

主な特徴

①匿名性

質問の送信や投票を匿名で行うことが可能です。誰がどの質問・意見を投稿したかが分からないので、忌憚のないコミュニケーションを取ることができます。

②データ分析

集約した質問や投票結果は自動でデータ分析されます。参加者が何名いて、そのうち何名が匿名で投票をし、どのようなワードが多く使われていたのかが瞬時に分かり、またこれらのデータはExcelやPDFへエクスポートすることもできます。

③埋め込み

GoogleスライドやPowerPointと連携して、質問や投票テーマをスライドに埋め込むことができます。ありきたりで単調なプレゼンテーションに動きをつけ、効果的なスライドを作ることができます。

活用イメージ

高校生にもなると授業中に手を上げて質問することがなくなってきますが、授業中にSlidoを解放しておけば、周りの反応を気にせずに質問することができるようになります。

Wemake
https://www.wemake.jp/

一言で言うと...

Wemake（ウィーメイク）は企業主催のプロジェクトに自分のアイディアを提案することができる共創プラットフォームです。採用されたアイディアは実際にサービス・商品化もされます。

特徴

①企業からのフィードバック

面白いアイディアには採択はされなくても企業からフィードバックがもらえ、自分のアイディアをブラッシュアップすることができます。

②企業との仮説検証

一次審査を通過したアイデアは企業と一緒に仮説検証のフェーズに入ります。アンケートやヒアリングを行ったり、プロトタイプを作ったりするこを通して、さらにアイディアの改善を図ります。

③事業化・商品化

最終プレゼンに残った人には賞金がもらえ、最優秀賞のアイディアには賞金最大300万円とサービス・商品化の権利が与えられます。

活用イメージ

Wemakeに掲載されているプロジェクトは企業が実際に事業化を検討しているものです。これは探究学習のテーマとしてうってつけです。また、企業からのフィードバックやサービス・商品化の可能性もあることでゴールとしても設定がしやすいです。

第4章

「#先生辞めたい」
をすこしでも減らしたい

働き方改革のための14のヒント

　新しい教育を行うためには、その概念を理解したり、ツールに慣れたり、授業の準備をしたり、時間と労力がかかります。

　ただ、今の日本の先生たちにはなかなかその余裕はありません。

　いい教育を行うためにはまず、先生の負担を減らす必要がある。私はそう思っています。

　本章では最後に、働き方改革のためのヒントを紹介します。働き方改革は学校全体で行うのはなかなか大変ですが、今回は特に1人ですぐに始められるものを中心に集めていますので、まだ取り組んでいないものがあればぜひ個人で実践してみてください。

Tips

自分の労働時間、把握できていますか？「かんたん勤怠管理」

これまで ▶ 勤怠管理を行っておらず、自分がどのくらい働いているか把握していなかった

これから ▶ 勤怠管理システムを使って、業務時間を見える化する

働き方改革の第一歩は自分の業務時間を把握するところから。

多くの学校では今でも勤怠管理が行われておらず、先生方の中には「自分が月に何時間働いているか分からない／意識したことがない」という方も少なくないでしょう。

業務時間や休憩時間を把握することは、自分にどのくらい負荷がかかっているかを客観的に理解するヒントになります。そのためまずは自身がどのくらい仕事をしているのか、どのくらい休憩を取ることができているかを可視化するところからスタートさせましょう。

その際はGoogleスプレッドシートやExcelなどの表計算ツールを使って自身で管理をするのも1つの手ですが、面倒な場合は既存の勤怠管理システムを使うのもオススメです。

たとえば「ハーモス勤怠」や「スマレジ・タイムカード」「ジョブカン勤怠管理」などはその代表例と言えます。どれも個人で無料から利用でき、ICカードやチャットツールを使ったり、スマホ・タブレットの画面をタップしたりするだけで簡単に打刻ができるので、負担になりません。

厚生労働省では、1か月の時間外・休日労働時間が45時間を超えると健康障害のリスクが高まり始め、月100時間または2〜6ヶ月の平均が80時間がいわゆる過労死ラインとされています。そして本書の冒頭でもお伝えしたように、公立の小中学校に勤めている先生方の時間外・休日労働時間は平均月100時間前後だと言われています。

もしまだ自分が月にどのくらい働いているのかを把握していない場合は、まずは記録をつけるところからスタートさせましょう。

マウスのカチャカチャから脱却
便利な「キーボードショートカット」

これまで ▶ マウスやトラックパッドを使ってPCを操作していた。

これから ▶ ショートカットを使って操作時間を短縮する。

　キーボードショートカットとは、マウスで行うPC操作をキーボードキーの組み合せで実行することです。たとえばテキストをコピーし、別の場所へ貼り付ける際、マウスでは「右クリック→コピーを選択→右クリック→貼り付けを選択」と操作する必要があります。しかし、テキストのコピー「⌘ + C」と貼り付け「⌘ + V」を知っていれば、同じ動作を瞬時に行うことが可能です。

　1回の操作で短縮できる時間はほんの数秒でが、塵も積もれば山となります。以下、普段の業務の中で使いたい代表的なショートカットをか紹介します。ほかにもたくさんあるので、よく行う動作が対応していないか、ぜひ調べてみてください。

Mac	Windows	操作
⌘ + C	Ctrl + C	選択したテキストをコピー
⌘ + V	Ctrl + V	選択したテキストを貼り付け
⌘ + Shift + V	Ctrl + Shift + V	選択したテキストをスタイルを合わせて貼り付け
⌘ + Z	Ctrl +Z	操作を取り消す
⌘ +Shift + Z	Ctrl + Y	取り消した操作を取り消す
⌘ + A	Ctrl + A	すべてを選択
⌘ + F	Ctrl + F	検索
⌘ + Shift + 3	[PrintScreen]	画面全体をスクリーンショット
⌘ + Shift + 4	[Alt] + [PrintScreen]	画面の選択した部分をスクリーンショット
⌘ + Shift + 5	「Win」+「G」	画面を録画

時短＆ミス削減には「ユーザー辞書」

これまで ▶ テキストを1文字1文字入力していた。

これから ▶ ユーザー辞書を活用して入力時間を短縮する。

　PCの操作時間を短縮するのはショートカットだけではありません。「ユーザー辞書」を使うと、テキストの入力時間をさらに短縮することができます。

　そもそもユーザー辞書とはPCやタブレット、スマホなどで「ある文字を入力したら、別のある文字に自動で変換されるようにする」ためのリストです。

　たとえばユーザー辞書に「入力：きららざか」「出力：雲母坂」などと登録すると、キーボードで「きららざか」と入力したときに一発で「雲母坂」と変換されるようになります。

　ユーザー辞書はこのように難しい漢字や名前の変換のために使うものなのですが、この機能を応用するとタイピングに関する業務を劇的に効率化することができるようになります。

　以下、個人的にオススメするユーザー辞書の入力・出力セットをシェアします。

あいさつ

入力	出力
おは	おはようございます。
おせ	お世話になっております。〇〇学校の〇〇です。

　よく使うフレーズは上のように1~2文字で出力されるようにすると、毎回すべてを打ち込まなくて済むので便利です。

名前

入力	出力	
たかだ	髙田	
たなか	田中さん	

　「高」と「髙」や「崎」と「﨑」のように、間違えやすい名前を登録することはもちろん、普段から敬称をつけている人を「さん」付きで登録しておくと失礼が起きづらくなります。

その他固有名詞

入力	出力	
きゃのん	キヤノン株式会社	
めんきょ	小学校教諭一種免許状	

　会社名や免許などの正式名称も登録しておくことをオススメします。特に社名は、「前株」「後株」や表記（例：×キャノン→○キヤノン）を間違えてしまうと失礼なので、日頃から関わりのある企業様の社名は面倒でもすべて登録しておきたいところです。

リンク

入力	出力	
ずーむ	LINK: https://****.zoom.us/j/****　　PASS: ****	
ついったー	https://mobile.twitter.com/****	
にってい	https://meeting.eeasy.jp/****/****	

　PCを使っていると特定のリンクを誰かに共有することが多いです。それらを毎回一から準備するとても時間がかかってしまうので、私はよく使うZoomや後述するような日程調整サイト、あとは各種SNSのリンクをユーザー辞書に登録し、すぐに伝えられるようにしています。

記号

入力	出力
さん（かく）	▼
み（ぎ）	→
てん	… / ・

　よく使う記号も毎回「さんかく」や「みぎ」、「きごう」などと打つのではなく、短縮して出力されるようにすると議事録やメモの作成をスピーディに行うことができるようになります。

個人情報

入力	出力
めーる	****.****@gmail.com
じゅうしょ	東京都千代田区****
でんわ	03-●●●●-▲▲▲▲

　春先は特にいろいろなところでアドレスや住所、電話番号などを入力することになりますが、それぞれ上のように登録しておくと覚える必要がなくなります。
　学校ではプリントやワークシート、各種書類の作成などさまざまな場面でPCを使ってテキストを入力することがあります。ユーザー辞書を使えばその時間がグッと少なくなりますので、よく使う単語やフレーズは登録してみてください。

欠席連絡もwebで完結
保護者にも先生にも便利なWEBアンケート

これまで ▶ 紙でアンケートを行い、手動で集計していた。

これから ▶ オンラインでアンケートを行い、自動で集計する。

学校では日常的に多くのアンケートが実施されます。

・授業評価アンケート
・アレルギーに関するアンケート
・通学手段に関するアンケート
・学校の満足度アンケート
・履修科目に関するアンケート　など

多くの場合これらは紙ベースで行われます。しかし、アンケートを紙で行うと、用紙の作成、印刷、配布、実施、回収、集計とさまざまな工程が発生します。もちろん集計は自動ではされず、回収したアンケート用紙数十枚を目視と電卓を使ってまとめることになります。想像するだけでも重労働です。

しかし、前章でも紹介したGoogleフォームなどのWEBアンケートを使えば、これらの作業が非常に楽になります。

また、Googleフォームはアンケートだけでなく、次のような便利ツールとしても応用が可能です。

・欠席・遅刻・早退の連絡
・授業の出席確認やリフレクション
・いじめや不正などの通報
・学校のお問合せ
・小テスト　など

どれも従来の方法であれば莫大な時間や労力がかかる上に、ミスが許されない業務になります。このような作業はできるところから、どんどんオンライン化・自動化を図りたいです。

調査書の記載内容アンケート

調査書の記載内容確認のためのアンケートです。

こちらに入力された内容を元に調査書を記入しますので、間違いのないようにお願いします。

締め切りを過ぎてから内容に変更がある場合は、直接担任まで連絡してください。

※ 締め切り：11月30日(火)23:59

（共有なし）

アカウントを切り替える

*必須

---

1) 学籍番号を選択してください。 *

例）1

選択 ▼

---

2) 今年度、現住所に変更があった場合、新しい住所を入力してください。

例）○○県○○市○○町○○丁目○○番○○号

回答を入力

重たい紙資料も物理的に軽くなる
オンラインストレージ

これまで ▶ プリントや会議資料などを紙で管理していた。

これから ▶ データ化し、オンラインストレージで管理する。

　学校にはアンケート以外にも、教科書やプリント、会議資料などさまざまな紙が存在します。しかしアンケートと同じように、これらの多くは必ずしも紙である必要はありません。むしろ、こういったものを紙で管理することはデメリットの方が多いと思っています。

　たとえば教科書で考えてみましょう。

　先生は授業で教科書を参照しますが、授業ごとに職員室に戻って次の授業のものと入れ替えるのは非常に面倒です。もともと少ない休み時間が教室と職員室の間の行き来で潰れてしまうのはもったいないです。

　たとえば会議資料ではどうでしょうか。

　学校の会議資料は毎回大量に用意されますが、後から振り返ることは稀ですし、特定の資料を探したいときに限って、お目当てのものが見つからないということはよくあることです。

　そのため私はこういった紙ベースの書類はすべて、スキャンなどをして電子化し、Googleドライブなどのオンラインストレージで管理することをオススメしています。

1. 持ち運びが楽

　データはすべてクラウド上に保存されているので、PCやタブレット、スマホなどから、いつでもどこでも閲覧ができるようになります。

2. 場所を取らない

　データ化すると物理的なスペースが不要になるので、職員室のデスクがいつも綺麗で広々とし、作業が捗るようになります。

私の教員時代の職員室のデスク

3. 検索できる

　データ化した書類に「20220503_職員会議③」「英語コミュニケーションI_ Lesson1」のように名前を付けておけば、あとから目的の書類を見つけたいときに瞬時に見つけることができます。

　できることならば教科書はデジタル教科書を使用し、会議資料はクラウド管理できるのがいいのですが、まずは個人でできるところからはじめましょう。第一歩として、紙をデータ化することをオススメします。

　ちなみに私が愛用しているスキャナーはScanSnapのiX100です。本体サイズが小さいので持ち運びも楽ですし、Wi-Fiにつながっていればコードレスで使うことができる優れものです。価格は2万円前後でもう8年使い続けているので、非常にコストパフォーマンスも高いです。

超大変だった三社面談の日程調整が簡単にできる日程調整ツール

これまで	➤ 手帳を付き合わしたり、紙のアンケートで行っていた。
これから	➤ 日程調整ツールを使って自動で日程調整を行う。

　学校ではさまざまな場面で日程調整の必要が出てきます。授業の振り替え、職員会議、外部の方との打合せ、三者/保護者面談、部活動の試合など、挙げればきりがありません。

　そしてほとんどの場合、先生はその度にスケジュール帳や紙のカレンダーを見ながら、対面、もしくは電話やプリントを用いて日時を決めていきます。たとえば保護者懇談などを行う際、下のようなプリントを作成する方も多いのではないでしょうか。

------------------------------✂切り取り線------------------------------

以下の日時の中から、ご都合がいいもの全てに「○」とお書きください。

	16:00 ~16:30	16:30 ~17:00	17:00 ~17:30	17:30 ~18:00	18:00 ~18:30	18:30 ~19:00	19:00 ~19:30	19:30 ~20:00	19:00 ~19:30
2/1(月)									
2/2(火)									
2/3(水)									
2/4(木)									
2/5(金)									
2/8(月)									
2/9(火)									
2/10(水)									

上記以外の日時をご希望の場合、学校までご連絡ください。

生徒氏名　_____

しかし、この方法は回収や集計に時間がかかるだけでなく、ダブルブッキングなどのヒューマンエラーが起きる可能性も高いです。そこで日程調整の際には、場面や相手に合わせて次のような2つのツールを使うことをオススメします。

　1つは「eeasy（イージー）」などのオンライン日程調整ツールです。
　eeasyはGoogleカレンダーやOutlook予定表などと連動し、自分の空き時間を自動でピックアップします。専用のURLを共有するだけで、共有された相手はその中（＝画像の黄色い部分）から都合の良い日時を選択して、簡単に日程調整ができます。
　確定した日時はお互いのカレンダーに反映されるため、ダブルブッキングの心配はいりません。また、前後に指定した空き時間（例：15分など）が確保されている場合のみ予約できるようにしたり、オフラインの予定では自動で移動時間を設定したり、かゆい所に手が届く機能もたくさんあります。

こちらは自分の予定を共有する必要がないので、生徒や保護者など、学校外の人と日程調整を行う際に優れています。

　さらにもう1つ紹介したいのは、Googleカレンダーなどのオンラインカレンダーサービスです。Googleカレンダーはアクセス権を付与することで、自分のカレンダーに書かれている内容を他の人たちと共有することができます。

　この機能を使うと、複数人で打ち合わせをしたいとき、自分のカレンダーに他のメンバーの予定を重ねて表示させ、空き時間を瞬時に可視化できます。そのまま予定を作成すると、全メンバーのカレンダーに変更が反映されるようになっており、日時や場所などの伝達ミスが発生することもありません。

　Googleカレンダーは相手の業務の予定も把握できることから、こちらはeeasyなどとは違い、学校内部で使うことに適していると言えるでしょう。

　eeasy社によれば、私たちは普段、日程調整のために年間に120〜240時間もの時間を浪費しているのだそうです。教育活動にプラスにならないような業務は、このようなツールを使って徹底的に効率化を図っていきたいです。

日常のちょっとしたコミュニケーションは
チャットツールで

　学校では同僚の先生や生徒たちとのコミュニケーションが頻繁に発生しますが、そのほとんどが対面で行われています。

　もちろん、オフラインでのコミュニケーションにも良さはありますし、オフラインの方がむしろ効率が良かったり、効果的なこともあるでしょう。しかし私は、下に挙げるようなやり取りは「Slack（スラック）」などに代表されるチャットツールを活用したテキストによるコミュニケーションの方が適していると思っています。

対同僚

・職員朝礼での情報伝達

・アンケートや報告書の締め切りやイベント日時のリマインド

・会議や打ち合わせなどの日程調整

・ニュースやナレッジなどの共有　など

対生徒

・1日の予定の確認

・宿題や提出物などのリマインド

・面談などの日程調整

・学級通信や授業で使った教材の共有　など

　私が考えるテキストによるコミュニケーションのメリットは大きく次の3つです。

1. やりとりのログが残る

チャットツールを使えばやりとりのログが残るので、後から（たとえば数年後でも）その内容を見返したり、言った・言ってないの議論に発展することがなくなります。

2. 空いた時間に内容を確認できる

学校の先生は日中、基本的に授業があるので対面で話をする時間が限られています。そのため相談や会議が業務時間外に行われることが多いのですが、チャットツールを使えばそれぞれの先生が空きコマでテキストの送信・確認を行うことができるようになり、対面でのコミュニケーションを必要最小限に抑えられます。

3. 追加情報を添付できる

チャットツールを使えばテキストに画像や動画、WEBサイトのリンクなどを添付することが可能です。これらはリアルのコミュニケーションではなかなか伝えづらいものなので、追加情報を送ることができるのも、テキストコミュニケーションの大きなメリットでしょう。

チャットツールもいきなり全先生・全生徒に導入するのはハードルが高いので、まずは有志のメンバー内や自分のクラスの中だけで使ってみてもいいかもしれません。（特に生徒との個別のやり取りが禁止されている学校もあると思うので、あくまで学校のルール内で運用してください。）

緊急時以外の保護者との連絡は、電話ではなくメール

これまで ▶ 電話か対面が基本だった。

これから ▶ 必要に応じてメールを使ってやり取りする。

　学校と家庭の連携がより求められるようになった昨今、保護者とコミュニケーションをとる機会も増えていると思います。ただその際、多くの学校では依然として電話、もしくは対面によるやり取りが中心ではないでしょうか。

　もちろん同僚や生徒たちと同じように、場合によっては電話、もしくは対面の方が適していることも多いです。しかし、提出物のリマインドやイベントの案内、日程調整や変更のお願いなどの日常的な報告や連絡、相談はメール連絡でも問題ないケースが多いと思います。

　特に生徒の普段の様子や学校の予定についての連絡は、私も保護者から何度も感謝された経験があります。生徒を介した連絡は伝言ゲームになってしまい、情報が正しく伝わらなかったり、そもそも保護者まで情報が届かないなんてことがあるからです。

　では具体的にどのようなツールを使えばいいのでしょうか。もちろん先に紹介したSlackのようなチャットツールを使うことも考えられますが、保護者にこのような新しいツールを使ってもらうのオススメしません。一番いいのは、保護者も普段から使い慣れているメール（もしくはショートメッセージやLINEなど）でしょう。

　繰り返しになりますが、保護者との連携は今後ますます重要になってきます。しかしすべてを電話や対面で行っていると時間はどれだけあっても足りませんので、必要に応じてテクノロジーの力も上手く使っていきたいです。

難しくみえるが、できるようになると仕事が劇的に早くなる「関数」

これまで ▶ 表計算ツールはワークシート作成時しか使わない。

これから ▶ 関数を駆使して表計算ツールを使いこなす。

突然ですが、GoogleスプレッドシートやExcelなどをどのくらい使いこなせているか考えてみてください。もしかすると「テストの回答用紙やワークシートを作るときくらいしか使わない」という方も多いかもしれません。

何を隠そう、私も昔はそうでした。しかし、表計算ツールは関数を使いこなして初めて本領を発揮します。（「関数とは何か」については123ページを参照ください。）ここでは特に学校で役に立つ関数と具体的な使用場面をいくつか紹介します。

関数名	動作	使用場面
average	指定範囲の平均値を算出	テストの平均点を出したいとき
max	指定範囲の最大値を出力	テストの最高点を出したいとき
min	指定範囲の最小値を出力	テストの最低点を出したいとき
if	条件に合わせて指定の文字や値を表示	テストで35点未満の生徒に「赤点」と表示させたいとき
countif	特定の文字列や値が含まれる数をカウント	赤点の人数をカウントしたいとき
importrange	特定のシートの特定の範囲を転記	生徒名簿から生徒の出席番号や名前を引用したいとき

Googleスプレッドシートは2023年2月現在、400を超える関数が存在しています。複数の関数を組み合わせるという応用的な使い方もたくさんありますので、興味がある方はぜひ調べてみてください。

人間がやらなくていい仕事は「GAS」で自動化

これまで ▶ 学校の業務のほとんどを先生が人力で行っていた。
これから ▶ 人間がやらなくてもいい仕事はプログラミングで自動化する

　N高等学校に勤めていた頃、最初の全体会議で「人間がやらなくていい仕事や何度も同じことを繰り返している仕事は、全部プログラミングで自動化してください」と言われたことを今も鮮明に覚えています。

　たしかに普段仕事をしていると、面倒な作業や退屈な単純作業はたくさんあります。

　ただ、当時の私はプログラミングの知識は皆無でした。理想ではあるものの、自分にはほど遠い話だなと思っていました。本書をご覧になっている多くの方も同じように思ったのではないでしょうか。

　そんな方はぜひGoogle Apps Script（グーグル・アップス・スクリプト）を勉強してみてください。

　通称GAS（ガス）と呼ばれるGoogle Apps ScriptはGoogleが開発・提供しているプログラミング言語で、WEBサービスを作る際によく使われるJavaScript（ジャバスクリプト）と呼ばれるものがベースになっています。

　GASはシンプルな言語で非エンジニアにも理解しやすく、また100を超えるGoogle系アプリとの連携が可能なため、非常に実用的であることが大きな特徴です。

　ではGASを使うと具体的にどのようなことが行えるようになるのでしょうか。下に挙げるのはそのほんの1例です。

・課題などの未提出者に自動でリマインドのチャットを送る
・模擬試験などのイベント申込者へ自動でイベントの詳細メールを送る
・スプレッドシートに打ち込んだ予定を一括でGoogleカレンダーにインポートする
・Googleドライブ内のファイルを同時に指定のフォルダへ移動するなど

私ももちろんGASのすべてを理解しているわけではありませんが、今では身の回りの多くの業務が自動で行われるようになり、本来の業務（N高で言うところの人間がやるべき業務）に集中することができるようになりました。

　私のようにプログラミングの知識がまったくないところからのスタートだと習得までに時間はかかりますが、業務が軽くなることは間違いありません。ぜひ連休や長期休暇などの時間を使ってチャレンジしてみてはいかがでしょうか。

働き方改革のために
身につけたいスキル・マインド

Tips

「誰がための仕事か」考えよう
仕事の優先順位づけ

これまで ▶ 「生徒のため」にすべてやっていた。

これから ▶ したほうがいいことは、余裕があるときのみ行う。

　これは昔の私自身もそうなのですが、学校の先生は仕事の優先順位の付け方が苦手な方が多いと思っています。というのも、先生たちは「生徒のために」と思うと際限なく仕事をやってしまうからです。

　しかし、仕事には「やった方がいいこと」と「やらなければならないこと」があります。

　たとえば授業や生徒たちの成績処理、生徒指導などはやらなければならないことですが、以下に挙げるような業務・作業は（やった方がいいことかもしれませんが）やらなくても大丈夫なものです。

・連絡帳へのコメント

・学級通信の発行

・課題のチェック（ハンコ押し）

・授業のオリジナルプリントの作成

・過度な教室掲示　など

　たとえば学級通信の発行で考えてみます。

　学級通信は生徒や保護者へ自分の思いなどを伝えるのに効果的ではありますが、デザインや表現にこだわり過ぎてしまうと、とてつもない時間がかかってしまいます。

繰り返しになりますが、私は上記のような仕事が無駄だと言いたいわけではありません。しかし、私はこういった業務を勤務時間をはるかに超えてまでやる必要はないと思っているのです。

　学校では、特に生徒たちのためにしたほうがいいことは山のようにありますが、それらすべてを叶えることは不可能です。だからこそ、まずは仕事に優先順位をつけ、勤務時間内に収まる範囲で優先順位の高いものから仕事を進めていくことが重要です。

　もし優先順位の付け方がわからないという方は、「重要度と緊急度のマトリクス」を使ってみてください。

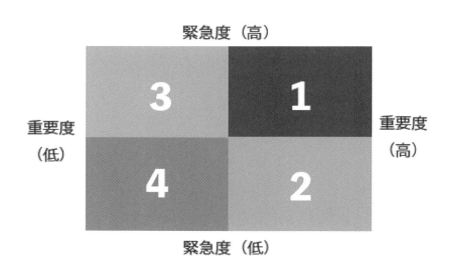

　このマトリクスは横軸が重要度、縦軸が緊急度を表し、4つの象限に普段行っている業務を割り振っていくことで仕事の優先順位をつけられるものです。それぞれの象限に入る仕事は、次のように分類されます。

①緊急かつ重要な仕事
②重要ではあるが緊急ではない仕事
③緊急ではあるが重要ではない仕事
④緊急でも重要でもない仕事

取り組むべきはもちろん①の仕事です。学校で言えば授業や生徒指導などがこれに当たると思います。

　次に注力すべきは②の仕事です。これはたとえば生徒の成績処理や行事の準備などが挙げられるでしょう。（先生にしか分からないと思いますが、指導要録の記入がまさにここに分類されます。）

　そして③や④は時間がなければやらないか、後回しにしても大丈夫な仕事です。特に③の領域の仕事は緊急度が高いので手を出してしまいがちですが、そこはグッと抑え、まずは①や②の仕事に注力することです。

　たとえば、連絡帳は生徒が帰るまでに返却しなければならないので、コメントを書くことはもしかすると緊急度は高いですが、できなくても生徒たちや学校の運営に大きな影響はないので、重要度はさほど高くないのかもしれません。

　「業務が次から次へと押し寄せてくる」という方は一度、思い切って重要度の低い仕事を手放してみるのもありかもしれません。

「仕事をやってもやっても終わらない」ときは タスクの細分化

これまで ▶ 1つのタスクが終わるまで、際限なく業務を続けていた。

これから ▶ 重たいタスクは細分化し、少しずつ行う。

みなさんは普段、どのように日々のタスクを管理されていますか？

TODOリストを使っているという方も多いかもしれませんが、私がオススメしたいのはGoogleカレンダーなどのオンラインのカレンダーを活用する方法です。

ここでは実際に「自分が所属する学年の模擬試験の結果をまとめる」というタスクを例に、3STEPで説明します。

STEP1）タスクを分解する

まずはタスクを細かく分解するところから始めます。今回の場合だと、以下のように整理することができそうです。

1. 模擬試験のデータを編集する（30分）
2. データを分析する（1時間）
3. 分析結果をスライドにまとめる（30分）

STEP2）分解したタスクをカレンダーに追加する

上の分解したタスクを、カレンダー上の空いているところに予定として追加します。オススメなのは、1日に詰め込むのではなく、最初から何日かに分散させること。分解したタスクの所要時間の読みが甘かったとき用にバッファを持たせるためです。

STEP3）分解したタスクを予定したタイミングで処理する

あとは予定したタイミングが来たらタスクを処理するだけ。

この方法のいいところは2つあります。

1つはタスクを分解することで、どのくらい時間がかかるかを予測しやすくなることです。

元のタスクのままだとどのくらい時間がかかるかイメージしづらく、思ってい

たより時間がかかって残業してしまうのはよくあることです。一方、分解されたタスクだと実際の作業内容も想像しやすいので、正確に所要時間を算出できるようになります。

もう1つはGoogleカレンダーに直接入力することで、自分の忙しさを可視化できることです。

TODOリストのイマイチなところは、タスクと1日（あるいは1週間や1か月）のスケジュールが紐づいていないところでしょう。やるべきことがリスト化されていたり、締め切りが書かれていても、それをいつやるのか・実際に期限内にできるのかということがハッキリしていないと、先ほどと同じように「時間が足りなくなった…」ということが起きてしまいます。

学校では特にテストや入試問題、指導要領の作成や行事の準備など長期間にわたって行う業務も多いです。もし、締め切りに追われることが多いという方はぜひ一度試してみてください。

これからの教育に求められている
コーチング

これまで 生徒には手取り足取り正解を教えていた。

これから 生徒自身が納得解を見つけられるサポートを行う。

　新しい学習指導要領の中では、生徒たちの学びを主体的で対話的な深いものにすることの重要性が強調されていますが、これはつまり、従来までの知識伝達型のティーチングからの脱却を意味します。

　そうなると、先生に求められるスキルも変わってくることになります。具体的には、私は生徒が自ら学習したり、進路について考えたりするサポートを行うコーチング的なスキルが重要になってくると思います。

　コーチングを知らない方のために少し解説します。一般社団法人日本コーチ連盟によると、コーチングは次のように定義されています。

> 相手が状況に応じて自ら考え、行動した実感から学ぶことを支援し、相手が本来持っている力や可能性を最大限に発揮できるようサポートするためのコミュニケーション技術なのです。
>
> https://www.coachfederation.jp/ca/coaching/

　コーチングの魅力はこのように普段の教育活動を充実させられることはもちろん、先生の負担も軽減してくれ点にもあると思います。

　これまでは、生徒が授業の内容で何か分からないことがあったときは、先生が再度生徒に（場合によっては個別に）解説をする必要がありました。しかしコーチングの考え方をもとにすれば、答えを教えるのではなく、どうすれば答えにたどり着くかを一緒に考えることになるので、一からすべて教え直す必要は無くなります。

　また、進路指導でも同様です。これまでは生徒に合いそうな進学先を先生が事前に調べておき、生徒に提示するという形が一般的でした。しかし、コーチング的な進め方では実際に手を動かすのは生徒なので、事前リサーチのための時間を

削減することができます。（もちろん最低限の知識は必要です。）

　コーチングスキルを身につけるには時間がかかりますが、生徒にとっても先生にとっても役に立つものですので、ぜひ本やコーチングスクールなどで勉強してみてください。

自前主義からの脱却

これまで ▶ 業務を自分だけの力で行っていた。

これから ▶ 業務は周りの力を借りながら行う。

　これは学校に限ったことではないかもしれませんが、先生たちにはいわゆる「自前主義」の方が多いように感じます。　自前主義とは読んで字の如く、自分（たち）のリソースだけでなんとかしようとする考え方のことです。

　授業準備はその代表的な例と言えます。

　学年の中で同じ教科書を使っているにもかかわらず、各先生がオリジナルの授業スライドやワークシートを作るというのは、よくあることです。クラスによって多少の違いはあれど、同じ内容を教えています。各担当の先生がそれぞれ授業準備をするのは非効率ではないでしょうか。

　もっと言えば、全国で同じ教科書を使っている学校は無数にあるのに、それぞれの学校内で教材研究を行なうのも効率が悪いと感じます。

　この自前主義については2021年1月の中教審による答申の中でも次のように指摘がされています。

> もとより，子供たちの資質・能力は学校だけで育まれるものではないことから，一つの学校で全てを完結させるという「自前主義」から脱却し，学校内外の教育資源を最大限活用して，関係機関にも開かれた教育活動が行われる必要がある。

　いま学校にはプログラミング教育や性教育、金融教育、探究学習などの新しい教育や、GIGAスクール構想による学校・教育のIT化が求められています。しかしこれらを個人や学校だけで行うのは不可能です。そういった点からも学校内外の人や機関との連携は必須であり、自前主義からの一早い脱却が急務であることは間違いないでしょう。

第**5**章

明日の授業を面白くする
アクティビティ・
授業アイデア

名前を使って「朝までそれ正解」

目的

・同じクラスの人たちの名前を覚える
・関係構築

概要

　先生が「〇〇と言えば？」（例：小学生が好きな食べ物といえば？）といった
お題を提示し、生徒たちはグループでその答えを考える。ただし、使っていいの
は同じグループメンバーの名前に使われている文字のみ。納得感があり、かつ一
番長い単語で回答できたグループが勝ち。

必要なもの

Miro（付箋などでも代用可）

一言コメント

　生徒たちは楽しみながらお互いの名前を覚えることができるので、特に新学期
に適したアイスブレイクです。グループを変えることでクラスメイト全員の名前
を一気に覚えることも可能。

授業スライド

　https://docs.google.com/presentation/d/1YBBpV1iaBoVwosdlxxT_
uXrn7f677OSYOmrxdpGly3s/edit#slide=id.g13d6d41715b_0_403
※権限の付与はできません。コピーしてお使いください。

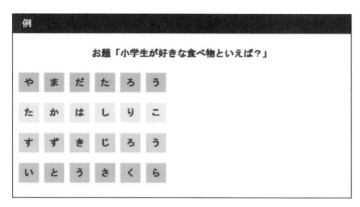

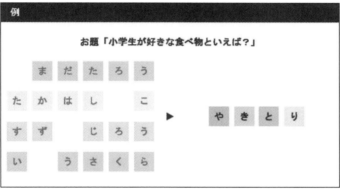

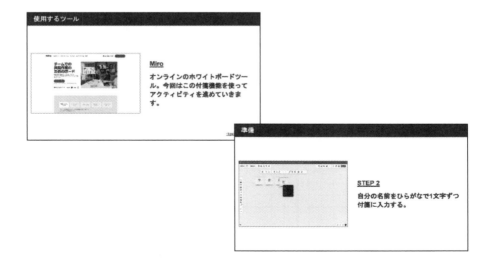

落ちるペーパータワー

目的
・グループワークの重要性を知る
・関係構築

概要
　A4用紙1枚を使って個人でタワーを作成。1mの高さから落として、その高さを4~5人のグループで競う。（倒れたら、倒れた状態での高さを競う。）次にグループでA4用紙1枚を使って再度タワーを作成。先ほどよりもさらに高いタワーを作ることを目指す。

必要なもの
A4用紙（40枚程度）
セロハンテープ

一言コメント
　多くの場合、個人よりもグループの方がより高いタワーを作ることができるので、他者と協働することの重要さを感じることができます。

授業スライド
https://docs.google.com/presentation/d/1LrlujcQRJdm8h7viDXOotToWF6eJv62Z-c6y8-v0eJM/edit#slide=id.p
※権限の付与はできません。コピーしてお使いください。

A4用紙1枚を使って個人で<u>タワーを作成</u>。1mの高さから落として、その<u>高さを4~5人のグループで競う</u>。（倒れたら、倒れた状態での高さを競う。）

例

1mの高さからタワーを落として...

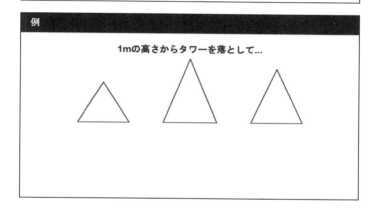

例

このようになったら、順位は以下の通り

3位　1位　2位

例

倒れてしまったら、その状態で高さを競います

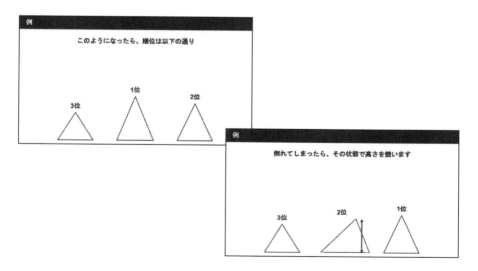

3位　2位　1位

コンセンサスゲーム

目的
・グループワークの重要性を知る
・グループワークで必要とされる力を知る
・関係構築

概要
　雪山や砂漠、月面などで遭難した際にどのように生き残るかについて、グループでコンセンサス（＝同意）をとりながら考えるゲーム。まずは個人で作戦を考え、後半でグループワークを行う。

必要なもの
ワークシート

一言コメント
　「落ちるペーパータワー」とは異なり、個人で行った方が高いスコアになる生徒と、グループで行った方が高いスコアになる生徒で分かれます。前者はより自身の考えを他者に伝えることが、後者はより他者の考えに耳を傾けることが重要だということを学ぶことができます。

授業スライド
https://docs.google.com/presentation/d/1zRP_4ZAhZd7OxOoj-W0ZuU8et
HlNBJYLj06r4cILmwM/edit#slide=id.p

ワークシート
https://docs.google.com/spreadsheets/d/1TpCUiPa1zehJLkH7LCks3rPDe
dgkR93oHEivO1NJx6o/edit#gid=0
※権限の付与はできません。コピーしてお使いください。

状況

みなさんは雪山で遭難しています。

みなさんの乗っていた飛行機はアメリカとカナダの国境付近の雪山に墜落しました。残念ながら操縦士たちは死亡。機体は大破しています。

墜落地点から一番近い街は、ここから32キロ離れた山の麓のところにあります。道中にあるのは雪と枯れ木くらい。また、この辺りの夜の気温は、最低でマイナス40度まで下がります。

機内に残された10のアイテムを使って、なんとか生き延びましょう。（＝アイテムの優先順位を決める。）

アイテム一覧

銃　マッチ1箱　新聞紙　方位磁石　油

ボードセット　ナイフ　板チョコ　ランプ　ウィスキー

ワークの流れ

①個人ワーク

まずは個人でアイテムの優先順位を決め、ワークシートに順位と理由を記入します。

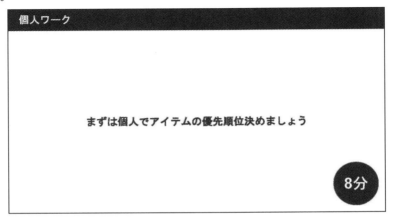

②グループワーク

グループになって優先順位を決めます。グループ内での多数決ではなく、必ずコンセンサスをとって決めます。

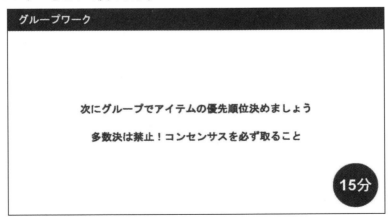

③模範解答の提示

模範回答

アイテム	順位	理由
銃	6	音を出したいときに役立つが、獲物を打つには鍛錬が必要。また凶器にもなり得る。
マッチ1箱	1	寒さを凌ぐのに役立ち、また煙を起こせば救助隊に位置を知らせることもできる。
新聞紙	5	マッチと合わせて使えば役に立つが、枯れ木で代用も可能。
方位磁石	10	移動に使えそうだが、冬山では無闇に移動すると危険。
油	3	火を起こすことができ、また体に塗れば体を温めることができる。
ボードセット	8	冬山では無闇に移動すると危険。旗を立てたり、火を起こす材料にはなる。
ナイフ	7	枝を切って燃やすくらいにしか使えない。また凶器にもなり得る。
板チョコ	2	食べればエネルギーになる。
ランプ	4	移動の際に役立ち、合図にも使えるが、ガスが尽きると使えなくなる。
ウィスキー	9	飲めば温まりそうだが、眠くなるため危険。ただし消毒には使える。

④得点計算

　a（個人で決めた順位）、b（グループで決めた順位）、c（模範解答）の差を計算し、個人のスコアとグループのスコアを算出します。

⑤振り返り

　どうすればグループのスコアがより良くなったかを考える。傾聴力、ファシリテーション力など、さまざまな力が重要だと納得する。

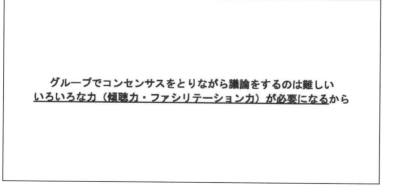

おわりに

グループでコンセンサスをとりながら議論をするのは難しい
いろいろな力（傾聴力・ファシリテーション力）が必要になるから

探究学習体験版「学校の困りごとを 解決する商品・サービスを作ろう」

目的

・探究学習の目的や意義を理解し、一連の流れを体験する

概要

　「学校の困り事を解決する商品・サービスを作ろう」をテーマに、探究学習の 基本である「課題設定→情報収集→整理・分析→まとめ・発表」の流れを経験で きる、4コマ完結の授業。探究学習の目的やを実体験をもとに理解することがで きるため、導入に効果的です。

必要なもの

ワークシート

一言コメント

　生徒に身近なテーマにしているため、学習に対するエンゲージメントや学習効 果の向上が期待されます。優秀なアイディアは実際に実現するなどの出口を用意 しておくとなお良いでしょう。

授業スライド

https://drive.google.com/drive/folders/19vUiSBCsLw3USTp94gy_ZlXqXx_ 1sTsw

ワークシート

https://docs.google.com/document/d/1mlqBkMoD2-doISmZXZysVjKqD5X GmtYNgf1kpHkLYPw/edit
※権限の付与はできません。コピーしてお使いください。

〇アイスブレイク・課題発見

　日常の「困り事」が新サービスへとつながっていることを知り、学校内の「困り事」を見つける。

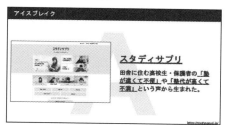

〇情報収集・整理

　「困り事」の当事者などへのインタビューから情報収集し、整理する。

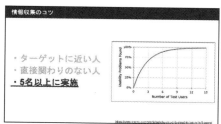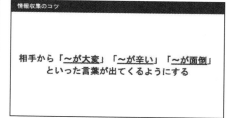

〇まとめ・発表

　成果をまとめ、プレゼンテーションで発表する

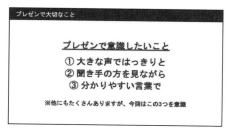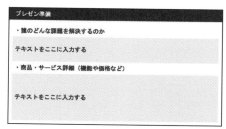

著者プロフィール

吉川佳佑
（よしかわけいすけ）

金沢大学学校教育学類卒業後、石川県の私立高校に赴任。学校のIT化や探究学習・起業家教育の推進を行う。その後、Ｎ高等高校での勤務とＳ高等学校の立ち上げを経て、現在は複数の教育系企業・NPOのコンテンツ開発に携わりながら、株式会社ガイアックスで中高生向けのアントレプレナーシップ教育プログラム「起業ゼミ」の責任者を務める。

さくっとわかる
ミニマム教育大全

2023(令和5)年4月1日　初版第1刷発行

著　者　吉川佳佑
発行者　錦織圭之介
発行所　株式会社東洋館出版社
　　　　〒101-0054　東京都千代田区神田錦町2-9-1
　　　　　　　　　　コンフォール安田ビル2F
　　　　代　表TEL：03-6778-4343　FAX：03-5281-8091
　　　　営業部TEL：03-6778-7278　FAX：03-5281-8092
印刷・製本：シナノ印刷

ISBN：978-4-491-05060-7